OS ANJOS

PODEM MUDAR SUA VIDA

David G. Walker

OS ANJOS
PODEM MUDAR SUA VIDA

Revisão de textos: Rosemarie Giudilli
Diagramação e capa: Décio Lopes

Dados de Catalogação da Publicação

Walker, David G.

Os Anjos Podem Mudar sua Vida/David G. Walker | 1ª edição | São Paulo / SP | Editora Isis, 2015.

ISBN: 978-85-8189-051-7

1. Anjos 2. Religião I. Título.

EDITORA ISIS LTDA
www.editoraisis.com.br
contato@editoraisis.com.br

Sumário

Prefácio

O momento que estamos vivendo não é nada fácil para ninguém.

Muitos de nós estamos passando necessidades.

A maioria de nós passa por dificuldades.

Nossa saúde altera-se com diversas enfermidades.

A relação dos casais cada dia torna-se mais difícil.

O trabalho mais problemático, e o futuro cada vez mais incerto.

Além do mais, o dinheiro escasseia cada dia mais.

Às vezes, as dificuldades podem afligir-nos até o ponto de nos fazer perder o gosto pela vida.

Esta era a minha situação quando procurei ajuda dos Anjos, pela primeira vez. Não desejava viver mais.

Sabia que ninguém poderia me ajudar e sabia, também, que carecia das forças necessárias para sair da cova, por mim mesmo.

Então, casualmente, descobri um método de autoajuda, que não era exatamente isso, mas que funcionou de uma maneira milagrosa. Fez com que minha vida desse um giro de 180 graus, e as nuvens escuras que sombreavam meu horizonte fossem se dissipando, até que, muito rapidamente, brilhou de novo o Sol. E brilhou com mais força que nunca.

O método foi muito simples; e o esforço é mínimo – eu não estava pronto para grandes esforços – e os resultados foram incríveis.

Tomei consciência dos Anjos, de modo casual. No início, não acreditei muito neles, nem tampouco fui totalmente cético.

Soube que podemos pedir sua ajuda e decidi pô-los à prova. Esse foi o princípio de uma relação maravilhosa que perdurará para sempre, e que todos, absolutamente todos, podemos iniciar quando o desejarmos.

E esta é a minha primeira mensagem para você que está lendo neste preciso momento – não se deixe enganar! O mundo é muito mais amplo, mais rico e muito mais completo do que captam os seus sentidos.

De fato, eles são como uma estreita fenda pela qual, apenas, se divisa uma minúscula parte da realidade.

Vemos e sentimos o que cai dentro desta abertura, mas nada mais. Isto é algo muito sabido, não obstante o esqueçamos continuamente.

Seus sentidos lhe dirão que está só, mas não é verdade. São muitos os seres que o acompanham neste mesmo instante. Ainda que seus olhos não possam vê-los, ainda que seu tato não sinta sua pele, nem seu olfato, o seu perfume, ainda que seus ouvidos não ouçam seus passos. Alguns deles podem ajudá-lo a melhorar sua situação e lhes encantaria fazê-lo. Somente tem de pedir-lhes.

São Antônio, Texas.
Outubro de 1994.

Introdução

Há quinze anos, iniciei uma relação bastante estreita com alguns seres que, do meu ponto de vista atual, não posso qualificar mais do que humanos angelicais, com contatos muito estreitos no outro lado da realidade.

Não obstante, minha consciência deste fato não foi, então, demasiado profunda, de modo que precisou transcorrer mais de uma década antes que os Anjos chegassem a desempenhar um importante papel na minha vida.

Tudo se iniciou como consequência de um pedido de tradução efetuado por um editor e grande amigo. Tratava-se do livro de Terry Taylor, *Mensageiros da Luz*, que eu devia traduzir para o espanhol.

Cauteloso por natureza, não dei, a princípio, muito crédito ao conteúdo do livro; parecia – e continua parecendo – encantador em muitos aspectos, mas em outros, excessivamente fantasioso.

Não obstante, o contato forçado que com ele mantive durante certo tempo e talvez também a situação desesperada em que, então, se encontrava a minha vida, em todos os níveis, impeliram-me um dia a comprovar a afirmação de Terry Taylor conforme a qual: *Toda petição humana, qualquer que seja sua importância, será considerada pelos Anjos e levada a*

efeito sempre que seja favorável a todos os implicados, ou pelo menos não resulte prejudicial para ninguém.

Assim, decidi pedir ajuda a esses seres espirituais, protagonistas do livro de Terry, sem imaginar, em nenhum momento, que pudesse receber o solicitado e muito menos que, poucos anos depois, eu mesmo estaria escrevendo a respeito deles.

O primeiro problema que lhes apresentei resolveu-se de um modo rápido e surpreendente. Minha situação econômica era bastante crítica e o que mais me preocupava na ocasião era o já atrasado aluguel do meu apartamento.

Usualmente, entregava a cada mês um envelope com a quantidade de dinheiro combinada com a mãe da proprietária, que vivia no mesmo edifício, dois andares acima.

Apenas haviam-se passado cinco ou seis dias desde o meu pedido de ajuda econômica, quando de maneira totalmente inesperada recebi uma quantidade considerável – pelo menos para mim, naquele momento era – sem que para nada me lembrasse, então, dos Anjos.

Ao subir para entregar o dinheiro à senhora, enquanto esperava que me abrisse a porta, depois de haver tocado a campainha várias vezes, vi que pegado à sua porta havia um anjinho de cerâmica, cuja presença jamais havia notado anteriormente e que naquele momento parecia olhar-me de modo muito especial.

Quando por fim me abriu a porta e pude dar-lhe o envelope com o dinheiro para sua filha, a idosa estava tão amável e interessou-se tanto por mim que, desde então, tornou-se minha aliada secreta.

Desci para minha casa, maravilhado e surpreso. O Anjo de cerâmica e a atitude da senhora, com quem até então havia apenas trocado breves cumprimentos, fizeram-me pensar que talvez os Anjos me tivessem ouvido, decidindo ajudar-me de algum modo.

Ainda que meu ceticismo e minhas dúvidas fossem, todavia, consideráveis, afortunadamente me chegaram a impedir que realizasse minha segunda petição, relacionada de novo com o problema da casa.

Sabia, pois me haviam notificado diversos médicos, que a contaminação da cidade estava afetando minha precária saúde e por outro lado, desejava ardentemente libertar-me do oneroso aluguel mensal. De forma que, tentando pegar dois pássaros com um só tiro e ao mesmo tempo, desejando comprovar definitivamente o poder e a vontade dos Anjos, pedi-lhes, sem o mínimo recato, algo que, considerando minhas possibilidades de então, era quase loucura: uma casa própria, num bosque e, além do mais, não distante do centro urbano.

Haviam transcorrido algumas semanas quando um colega, professor da faculdade de arquitetura, comentou desolado que seu computador havia quebrado no momento mais crítico, como sempre costuma ocorrer.

Naturalmente, lhe ofereci com prazer o meu e, assim, uma amizade até então superficial converteu-se em algo bastante sólido, tanto com ele quanto com outra arquiteta, participante sua do trabalho efetuado com meu computador.

E foi precisamente essa arquiteta quem, pouco tempo depois, ajudou-me enormemente nesse assunto e a ela devo a alegria de ter encontrado uma parcela de terreno ideal para mim em todos os sentidos.

O lugar é magnífico – ainda que muitos o considerem excessivamente frio – em pleno bosque de cedros e a uma escassa hora da cidade.

Esta parcela de terreno, em questão, havia sido embargada pelo governo. Sempre acompanhado pela arquiteta, entrevistei-me várias vezes com o diretor da dependência estatal encarregado da regulamentação do solo, e graças à sua intervenção pude adquirir a mencionada parcela pelo mesmo preço que havia pagado seu último dono, alguns anos antes, num total de três mil dólares apenas, quantidade que, considerando o nível de urbanização e a situação do próprio terreno, era simplesmente ridícula.

Além do mais, como se isso fosse pouco, pude efetuar o pagamento em várias parcelas, sem nenhum tipo de juros.

O dia em que fui ver o lugar fiquei gelado; alguém, seguramente uma criança, havia pintado na parede da casa vizinha a silhueta de um Anjo. Sempre com a ajuda desta arquiteta já amiga, os trâmites, as permissões estatais e locais, a água, a luz e o começo da obra, foi tudo vertiginosamente arrumado. Eu mesmo escavei os cimentos, a fenda da cisterna e a fossa cética.

Antes de completar três meses, já estava vivendo na minha casa nova, ainda que, certamente muito modesta, ajustava-se exatamente ao solicitado.

Aquilo me animou de tal forma que, para ver até onde chegava a "maré", continuei pedindo. Com a sensação de culpa por ter gasto meus dois primeiros desejos em coisas puramente materiais, decidi que naquele momento iria ocupar-me com outros aspectos da minha vida que estavam exigindo, aos gritos, um profundo acerto.

Citarei só um deles: a saúde.

Após haver passado pelas mãos de pelo menos uma vintena de médicos de todas as especialidades, ter gastado quantidade de dinheiro e haver sofrido estoicamente uma operação e diversas terapias, minha situação prometia muito pouco.

O câncer estendia-se em mim com muita rapidez através do sistema linfático, e as dores produzidas por um tumor externo eram cada vez maiores.

Os médicos que mais mereciam minha confiança eram unânimes: não era conveniente recorrer à cirurgia. Não obstante, os distintos tratamentos, até então utilizados, haviam resultado inúteis e o tempo ia passando, e eu me aproximando cada vez mais de uma situação que logo seria irreversível.

As consequências psicológicas da enfermidade não eram menores do que as físicas, e alguns tratamentos chegaram a debilitar-me tanto que durante vários meses não fui capaz de subir mais de seis degraus da escadaria do hospital, nem caminhar trezentos metros sem me deter ou me sentar um momento para descansar.

Uma vez mais, os Anjos foram efetivos ao máximo. Os caminhos pelos quais me levaram em busca de cura – alheios por completo à medicina oficial – são tão apaixonantes que por si só merecem constituir o tema do próximo livro.

Não posso dizer que hoje esteja completamente livre da enfermidade, mas sim que estou entusiasmado, que minha situação tenha mudado de um modo radical e que vislumbro muito claramente o que para mim será tal qual a saída de um longo túnel.

É impossível comentar aqui tudo o que os Anjos – da mesma forma que Santa Klaus (papai Noel) ou os três Reis Magos – me trouxeram em menos de dois anos, pois em alguns fatos interferiram terceiras pessoas cujo anonimato devo respeitar.

O paranormal é captado de modo muito diferente e em muitos graus diversos pelos distintos indivíduos. Desde aqueles que quase todos os dias têm visões e vivem experiências, que continuamente têm pressentimentos, ouvem vozes ou sentem perfumes inexplicáveis, até os que jamais ouvem, veem, sentem ou captam nada de nada. Tudo depende da sensibilidade de cada um, e naturalmente também da sua imaginação. Sem me considerar totalmente fechado, devo esclarecer que me incluo bem mais entre os últimos.

Ao falar com outras pessoas sobre o tema dos Anjos, com frequência me sinto bastante torpe, pois quase todas – devo confessar outro grande complexo meu e é que, a imensa maioria dos livros editados nos últimos anos acerca deste tema são todos escritos por mulheres – viram alguma vez algo, ainda que tenha sido somente uma figura luminosa aos pés da sua cama ou um senhor de certa idade que desapareceu imediatamente, depois de ajudá-las em algum assunto crucial.

No meu caso não foi assim e digo-o principalmente para que não se sintam desanimados, aqueles iguais a mim, que nunca viram nada, nem sequer uma simples luz difícil de explicar na realidade; o fato de que sejamos ou não capazes de experimentar os Anjos através dos nossos sentidos físicos carece de importância.

Antes, porém, quero acentuar enfaticamente que minha fé neles agora é total. Geralmente, eles nos ajudam a conseguir algo que lhes tenhamos pedido, ou o substitutivo que eles creem seja o mais conveniente para nós. Abordaremos isso mais adiante. Costumam dar-nos algum sinal inequívoco que demonstram que por ali eles passaram, de que não é algo que se possa imputar "causalidade" nem a uma evolução natural das circunstâncias. Pelo menos assim, ocorreu-me em quase todas as ocasiões.

Talvez seja um estratagema para evitar que lhes tire o mérito do que foi alcançado, pois seguramente consideram que minha fé neles não é ainda de todo sólida, do jeito que deveria ser. Ou talvez seja simplesmente uma forma – com certeza encantadora – de fazer-nos notar sua presença, sua amizade e sua ajuda àqueles que como eu não sabem nem podem captá-los de outro modo mais sutil.

Um dia, andava eu rondando as livrarias mais antigas da cidade de Austin, quando de repente divisei numa estante um livro de Ruth Montgomery – cujas obras eu havia procurado afanosamente para documentar um trabalho anterior. Tratava-se de *A World Beyond*, publicado vinte e quatro anos antes. Peguei-o e comecei a folhear com essa sensação de desencanto que costuma embargar-nos quando algo chega tarde e fora de época. Todos os meus sentidos aguçaram-se ao descobrir entre suas páginas, esquecida seguramente pelo seu antigo dono, uma velha saudação natalina.

Não tinha a clássica forma retangular, mas se tratava, nada mais nada menos, de um Anjo recortado em cartolina. Aquilo foi o suficiente para me fazer comprar o livro, que guardei até a semana seguinte, quando minha amiga arquiteta convidou-me para passar alguns dias na cidade de Cuernavaca – México – onde estava terminando uma construção.

No dia seguinte à chegada, sentado numa escada exterior que dava para a praça principal, sob as frondosas árvores que me protegiam do ardente sol tropical, e sem saber do tempo que teria de esperar pela minha amiga, abri o livro

de Montgomery. As primeiras palavras que li, pregaram-me uma peça. "Em Cuernavaca...", diziam.

Aquilo já era demasiada casualidade. Li o livro de uma vez, avidamente e com grande interesse e nele encontrei cumprida a resposta a um assunto que me vinha preocupando durante muitos meses. Como um exemplo final, irei referir-me à maneira como se materializou muito recentemente algo que havia pedido aos meus amigos, os Anjos, já fazia mais de um ano.

Não entrarei nos detalhes do caso, mas direi, sim, que a solução do meu pedido chegou através de uma pessoa totalmente "angelical": Hania Czajkowiski. Hania é, sem mais nem menos, a autora de uma surpreendente obra acerca de Anjos que veio à luz nos últimos tempos: *Brincando com os Anjos.*

Devo pensar que foi a casualidade o que, depois de viajar quase dez mil quilômetros até a cidade de Buenos Aires, fez-me descobrir uma arquiteta argentina, até então, totalmente desconhecida para mim e que esta arquiteta resulta ser precisamente a Hania, a autora do único livro-jogo "angélico" que, até então, havia visto a luz no continente americano? Seria casualidade excessiva, levando em conta que os Anjos estão presentes neste assunto. Além de que, a casualidade não existe.

Parece que viemos a este mundo basicamente para duas coisas: aprender e ajudar aos demais.

Se a síntese que, com minha experiência e a dos outros que apresento nos capítulos seguintes, servir de ajuda a alguém do mesmo modo que o livro de Terry Taylor serviu a mim, este humilde trabalho terá cumprido totalmente o seu prometido. Que assim seja.

Que é um Anjo para você?

O que lhe sugere esta palavra?
O que lhe vem à mente quando a ouve ou a pronuncia?
Para alguns, os Anjos são nossos irmãos superiores, seres de luz que nos mandam informação e pensamentos amorosos a fim de guiar-nos e inspirar-nos. Para outros, tal qual Don Gilmore, autor do livro *Anjos por todas as partes*, são formas, imagens ou expressões através das quais pode ser transmitida a essência e a energia de Deus.

Para a Igreja Católica, os Anjos são uma espécie de auxiliares da Providência no governo do mundo: espíritos puros, mandados por Deus para que nos guiem, nos aconselhem e nos ajudem em nosso transitar pela Terra e em nosso caminho para o Céu.

Vale a pena esclarecer estes dois termos a fim de evitar confusões: todo Anjo é espírito, mas nem todo espírito é Anjo. Espírito é um ser inteligente que em circunstâncias normais carece de um corpo físico, ou pelo menos de um corpo que nossos sentidos possam captar como físico, mas não por ele ser sempre Anjo.

Há espíritos da natureza. Há espíritos de seres desencarnados. Há seres de outras dimensões que podemos considerar perfeitamente espirituais, pois vivem sua vida no mesmo espaço que nós, sem jamais interferir em nossa "longitude de onda", nem nós na deles. Há inclusive espíritos protetores dos seres humanos, sem que por isso sejam Anjos.

As palavras de Santo Agostinho a esse respeito são muito certas:

Os Anjos são espíritos,
mas não são Anjos porque são espíritos,
senão por serem enviados de Deus.

O nome de Anjo refere-se ao seu ofício,
não à sua natureza.

Sua natureza é espírito;
seu ofício, angelical.

O Anjo é um mensageiro.

E este é precisamente o significado inicial da palavra Anjo: *mensageiro.*

Nas diferentes tradições religiosas, o papel representado pelos Anjos é tão importante e central em todas elas que resulta ilógico atribuí-lo à fantasia ou à invenção pura e simples dos antigos cronistas. Além do mais, assim como nos tempos do Antigo Testamento, em nossos dias, os Anjos continuam a interferir na vida dos humanos, algumas vezes de maneira anônima e secreta e outras abertamente e em plena luz do dia.

Quando se deixam ver, costumam fazê-lo sob a forma de luzes, figuras resplandecentes ou, em muitas ocasiões, tais quais pessoas normais. Podem manifestar-se durante o estado de vigília e também em sonhos.

Uma constante em suas aparições na forma humana, disfarçados de pessoas comuns, costuma ser a sua momentaneidade: chegam, fazem ou dizem aquilo pelo que vieram e num momento se vão sem que jamais voltemos a saber deles.

Um amigo, absolutamente inclinado a assuntos espirituais não religiosos – duvida-se que desde que tenha uso da razão, tenha posto os pés em uma igreja não mais de quatro ou cinco ocasiões e sempre por motivo de algum acontecimento social – viu-se, contudo, várias vezes beneficiado por tais seres que, com uma aparência totalmente comum, nos momentos mais críticos da sua vida, socorreram-no com palavras, com dinheiro em efetivo, e até com uma mochila cheia de roupa, exatamente do seu tamanho.

Quando tratou de lhes seguir as pistas, sua intenção foi infrutífera. Outras pessoas costumam vê-los com a aparência de crianças ou jovens resplandecentes, durante a noite, aos pés da cama, ou em lugares e momentos mais inesperados.

A constante nestes casos costuma ser uma sensação de bem-aventurança, de felicidade e intenso bem-estar, que em algumas ocasiões dura um momento e em outras, vários dias e até semanas, mas que já não pode ser esquecida, por muito que se prolongue a vida de quem teve tal experiência.

Em suas aparições sob forma humana, a sensação que costuma prevalecer é também de profundo bem-estar, grande tranquilidade, serenidade, independente de nos tirar de alguma dificuldade.

No seu livro, *Vislumbres do Mundo Invisível*, o doutor Lee relata como um Anjo salvou uma criança de morrer queimada num incêndio no bairro de Holborn, em Londres. As chamas haviam tomado tal incremento que os bombeiros foram obrigados a deixar que o fogo devorasse dois edifícios, dedicando-se unicamente a tentar salvar seus moradores. Conseguiram resgatar todos, menos dois: uma idosa que morreu asfixiada pela fumaça, antes que eles chegassem, e uma criança de cinco anos de quem ninguém se havia lembrado diante do transtorno e do pânico causado pelo fogo.

O esquecimento tinha, em parte, uma explicação, pois a referida criança não costumava viver naquela casa, mas, como sua mãe precisava ir a Colchester naquela noite, por assuntos de família, havia confiado o menino à hospitalidade de uma parenta sua, inquilina de uma das casas sinistradas.

Quando todos estavam a salvo e os edifícios se viram já totalmente envoltos em chamas, aquela mulher lembrou-se com espanto da criança que lhe haviam confiado. Ao se sentir incapaz de retornar a casa em busca da criança, seu pranto tornou-se desesperador. Um bombeiro decidiu tentar e depois de ser informado da situação exata do quarto, heroicamente penetrou naquele inferno de fogo e fumaça. Um minuto depois, reaparecia com a criança sã e salva, sem a mais leve queimadura.

O bombeiro declarou que o quarto estava ardendo e com a maior parte do piso fundido, mas que as chamas, em oposição à sua tendência natural, retorciam-se para a janela de tal modo, que jamais havia visto em sua longa experiência contra incêndios algo semelhante, deixando inteiramente intacto o local onde estava a cama da criança, com as vigas do teto já um tanto queimadas.

Disse que encontrou a criança tensa pelo terror natural, mas que ao se aproximar viu uma figura branca inclinada sobre o leito, em atitude de quem queria cobrir a criança com a colcha. Acrescentou que não havia sido vítima de alucinação alguma, que pôde ver com clareza durante poucos segundos, e que a figura desapareceu quando ele se acercou da cama.

Uma circunstância curiosa deste caso é que, naquela mesma noite, a mãe da criança não foi capaz de conciliar o sono, na casa em Colchester, atormentada pela ideia de que uma desgraça ameaçava seu filho. Tão forte era o seu pressentimento, que finalmente se levantou e orou, pedindo ao céu proteção para seu filho.

O número de pessoas que teve experiências com Anjos é muito superior ao que, à primeira vista, se poderia pensar.

O doutor H. C. Moolenburg, pioneiro da literatura moderna a respeito de Anjos, efetuou um inquérito em 1982 entre quatrocentos dos seus pacientes, perguntando-lhes diretamente se alguma vez em suas vidas tinham visto um Anjo. Desse montante, 31 pessoas, quer dizer, cerca de 7,75%, responderam afirmativamente. Sem incluir os que estavam seguros de haver tido um encontro com Anjos, sem vê-los realmente, entre estes, os que foram salvos de forma inexplicável por motivo de diversos acidentes, os que tiveram experiências extracorpóreas, próximos da morte, e outros que manifestaram ter se sentido estranhamente impelidos por algo ou alguém a dirigir-se a algum lugar ou a realizar algo, que logo modificou substancialmente e favoravelmente o curso das suas vidas.

O doutor Moolenburg eliminou posteriormente todos os casos em que o sujeito não estivera plenamente consciente

durante sua visão, quer em sonhos sob o efeito de anestesia, quer em estado de coma e também os que não viram o Anjo completo, senão apenas mãos ou asas, viram-no ou perceberam-no de algum modo alheio ao sentido da visão. Além do mais, tão pouco se consideraram os casos em que o suposto Anjo não se mostrou em forma claramente humana, por exemplo, quando foi percebido igual a um resplendor ou a uma luz brilhante. Depois deste exaustivo e minucioso crivo ficaram, todavia, seis casos já praticamente incontestáveis, isto é, 1,5% da população entrevistada.

Para muitos, que nem eu, que nunca viram um Anjo, a porcentagem do 1,5% poderia parecer elevada; não obstante a pesquisa do doutor Moolenberg fosse efetuada da maneira mais minuciosa e científica.

As sondagens realizadas por mim, para este trabalho, evidenciaram-me que, ou bem as cifras dadas pelo doutor Moolenberg são de uma extrema prudência, raiando o ceticismo, ou as manifestações angelicais no plano humano incrementaram-se muito desde 1982 até esta data.

Entretanto, a maioria das pessoas que tiveram esse tipo de vivência costumam ficar reacionárias ao abordar o assunto, algumas vezes por medo do ridículo e outras por uma compreensível reticência a exteriorizar um episódio de suas vidas muito íntimo e transcendente.

Quanto ao perfil psicológico de tais pessoas, não tenho sido capaz de discernir nenhum traço comum, exceto o fato de que todas parecem possuir uma intuição bem refinada e desenvolvida. Ainda que possamos ou não os experimentar pelos nossos sentidos físicos, é algo que carece totalmente de importância. O fato é que eles estão continuamente aqui, ao nosso lado, ajudando-nos e guiando-nos de mil maneiras insuspeitas, desejando a todo o momento conectar-nos com esse plano mais elevado da realidade que chamamos de "Céu" e, ao mesmo tempo sempre dispostos a fazer tudo o que for possível para que sejamos mais felizes aqui na Terra.

Eles sabem que o estado natural da vida é a alegria, a felicidade, o riso e a beleza, qualidades das quais, invariavelmente, costumamos nos afastar quando deixamos atrás a infância. Todas elas são qualidades do Céu, que é o reino dos Anjos. Suas tarefas são, precisamente, acercar-nos deste reino sempre que quisermos e estivermos dispostos a aceitá-lo.

Tipos de Anjos

Meados do Século V, muito provavelmente na Síria, alguém a quem foi lhe dado o Pseudo *Aeropagita*, escreveu vários livros religiosos, sob o nome de Dionísio, discípulo de São Paulo que havia vivido cinco séculos antes, em Atenas – chamado de "Aeropagita" por ter sido membro da corte de justiça que se reunia no "Aerópago", e pelas informações, teria sido martirizado na segunda metade do século I. E é precisamente nas obras do pseudo Aeropagita que, pela primeira vez, aparece a classificação que distribui as criaturas celestiais em nove coros angélicos:

- Serafins
- Querubins
- Tronos
- Dominações
- Virtudes
- Otestades
- Principados
- Arcanjos
- Anjos

O valor e a importância dados às obras do pseudo *Aeropagita* foram crescendo no transcurso do tempo. Apesar da

não existência de nenhum documento anterior ao século V que dê fé a estas obras, chegaram a ser consideradas genuínas, e tanto os místicos da Idade Média, entre eles o Mestre Eckhart, quanto muitos dos séculos mais recentes, nelas se apoiaram.

Durante toda a Idade Média, os Anjos fizeram correr muita tinta e foram os protagonistas de numerosos debates e inclusive do que hoje chamaríamos *convenções* que atraiam multidões de ouvintes. Entre os autores que com mais força e autoridade dissertou sobre eles, cabe destacar Santo Tomás de Aquino que viveu na Itália do século XIII e que retomou, matizou e ampliou o que já antes haviam dito outros acerca dos Anjos, entre eles o Pseudo-Dionísio, Santo Agostinho, e inclusive Platão e Aristóteles.

Não obstante, para Santo Tomás cada Anjo é de uma espécie única que dá lugar a uma classe de ser nova e de enorme riqueza. Pelo contrário das coisas, que se distinguem pela pobre matéria que as forma como indivíduos, para ele o Anjo possui algo assim como uma individualidade absoluta e uma realidade suma, e não admite que se lhe atribua nenhuma outra classe a que ele mesmo inaugura e que com ele conclui.

Entre os místicos modernos, que com mais intensidade ocuparam-se dos Anjos, destaca-se o sueco Emanuel Swedenborg (1688-1772), brilhante cientista contemporâneo de Milton e de Halley. Entre as numerosas obras que deixou escritas, há tratados de física, química, astronomia, mineralogia, mineração, anatomia e economia.

A partir do ano de 1743, ainda que sem abandonar de todo suas atividades científicas, passou a ocupar-se, primordialmente, de assuntos espirituais, e em 1745 começou a ter ligações diretas com os espíritos e com os Anjos, mas ao contrário dos costumes espíritas, com pleno uso das suas faculdades e consciência.

Em sua obra *Arcana Coelestia* disse textualmente:

> *Estou convencido de que muitos insistirão em que é impossível ao homem conversar com os Anjos enquanto está encerrado no cárcere do corpo. Dirão que meu trato com estes seres é pura invenção, ou melhor, um recurso para obter publicidade. De minha parte, não me preocupo do quanto se possa dizer contra mim, pois não falo senão do que vi, ouvi e apalpei.*

Também Rudolf Steiner (1861-1925) ocupou-se extensamente dos seres angelicais, de sua natureza e atividades. Como disse Sophy Burnham em seu *Livro dos Anjos*:

> *Resulta estranho pensar que os teólogos medievais e inclusive o moderno Steiner, dedicaram tanto tempo e esforço a estabelecer toda uma hierarquia de Anjos e a averiguar onde se encontram. Os Anjos não vivem em parte alguma, do mesmo modo que Deus tampouco vive em parte alguma. Encontram-se no espaço da eternidade e no centro dos nossos corações.*

Na Bíblia, além dos Anjos e Arcanjos, citam-se expressivamente dois tipos de seres angelicais: Querubins e Serafins.

Os primeiros Anjos que aparecem nas Sagradas Escrituras são os Querubins que Yavé situou às portas do paraíso. Esta função de guardiães dos lugares santos, com a obrigação de permitir só a entrada de pessoas devidamente autorizadas, foi durante todo o Antigo Testamento um dos labores encomendados a esta ordem angélica. Deste modo, quando Yavé deu a Moisés as instruções para construir a Arca da Aliança, ordenou-lhe colocar sobre a cobertura querubins de ouro, um em frente ao outro e ambos vigiando permanentemente a segurança da Arca.

Não obstante, o trabalho que com maior frequência e – pelo que parece prazerosamente – desenvolveram os querubins, nos relatos do Antigo Testamento, é o de transportar Deus de um lugar a outro.

E Yavé cavalgou sobre um querubim e voou, voou sobre as asas do vento.

Diz o salmo 18.

Talvez tenha sido essa a razão que induziu os pintores do Renascimento a denominar de querubins os Anjos gorduchos que costumavam pintar aos pés da Virgem na sua ascensão aos céus. Não obstante, os querubins do Antigo Testamento são algo muito diferente, como bem demonstra sua severa função de guardiães na mencionada passagem da expulsão do paraíso e também, e de um modo muito especial, o livro do profeta Ezequiel.

No estranho relato que constitui o capítulo X do seu livro, Ezequiel descreve, com todo detalhe, alguns extraordinários seres que ele mesmo identifica por querubins, os quais, equipados de misteriosas rodas e produzindo um ruído ensurdecedor, acompanharam Deus na sua aparição sobre o templo.

No capítulo seis do seu livro, o profeta Isaias nos dá uma descrição bastante detalhada destes Anjos, pois diz que se encontram sobre o trono do Senhor e que têm seis asas, com duas se cobrem o rosto, com outras duas se cobrem os pés e com as duas restantes voam, enquanto continuamente estão louvando o nome de Yavé. Um deles voou para ele com um carvão escondido na mão e colocando-o sobre seus lábios apagou todos os pecados do profeta.

Os Arcanjos

Os Arcanjos são Anjos de uma classe superior e cada um deles manda e coordena uma infinidade de Anjos. Tradicionalmente, considera-se que os Arcanjos são quatro: Rafael, Gabriel, Miguel e Ariel (ou Uriel), enquanto que outros asseguram que são sete. Não obstante, na Bíblia, só se confere expressamente o título de Arcanjo a Miguel.

Das referências bíblicas acerca de Miguel, claramente se deduz a importância deste

Arcanjo como chefe das hostes celestiais na sua luta contra as forças do mal:

> *E foi realizada uma grande batalha no céu: Miguel e seus Anjos lutaram contra o dragão e seus Anjos.*

Disse o Apocalipse.

Também o desempenho de Gabriel é primordial. Foi ele quem mostrou e explicou a Daniel o sentido da visão que o profeta tivera no terceiro ano do reinado de Belsasar.

Seiscentos anos mais tarde o vemos aparecer diante de Zacarias para informá-lo de que sua esposa daria à luz a João, o Batista, e seis meses depois anunciava à Maria que seria mãe do filho de Deus, aparecendo em sonhos também a José.

O místico russo, G. I. Gurdjieff, considerava que os Arcanjos constituem um tipo de criaturas diferentes às dos Anjos. Sua concepção cosmogônica apresenta a seguinte progressão: minerais, plantas, animais invertebrados, animais vertebrados, homem, Anjos, Arcanjos. Eterno, Imutável e Absoluto. Quer dizer, os Anjos estão entre os homens e os Arcanjos e estes, por sua vez, entre os Anjos e o Eterno Imutável. Assim, descreve os quatro Arcanjos uma das mais antigas escolas mágico-cabalísticas: Rafael é o Arcanjo do elemento ar e do ponto cardeal leste. Os cabalistas visualizam-no na referida direção, sobre o firmamento, vestido com uma túnica amarela que se move à mercê do vento que sopra, fazendo com que as pregas da túnica tomem, às vezes, tons purpúreos. Traz uma espada na mão. Foi tradicionalmente considerado tal qual o Arcanjo da cura, e, de acordo com muitos, o significado do seu nome é *Deus cura*.

Gabriel é o Arcanjo do elemento água. Seu lugar é o Oeste.

Os magos cabalistas visualizam-no com o braço direito levantado para frente e trazendo na mão uma taça de onde flui o líquido vital. Sua túnica é de cor azul, com reflexos laranja. O significado do seu nome é *O poder de Deus*.

Miguel é o Arcanjo do elemento fogo. Seu ponto cardeal é o Sul e os magos cabalistas visualizam-no vestido de cor vermelha, com raios complementares de tonalidade verde. Na mão direta sustenta uma vara. Com base em certas passagens bíblicas, tem sido considerado tradicionalmente tal qual o chefe das hostes celestiais: braço direito de Deus na luta contra o mal. Seu nome em hebraico significa *Aquele que é como Deus*.

Ariel é o Arcanjo da terra, e os cabalistas visualizam-no situado ao Norte, vestido com as cores das estações ricas e férteis: ocre, oliva, ruivo e negro, trazendo um pentáculo ou escudo. É o Arcanjo encarregado das luminárias e também desempenha funções de justiça.

A concepção medieval considerava o mundo constituído por quatro elementos: ar, água, terra e fogo, cada um deles regido, como vimos, por um Arcanjo.

Tradicionalmente, o ar assimilava-se à inteligência e à mobilidade; a água, ao amor, às emoções e à imaginação; o fogo à purificação, à destruição do negativo, à ação e à força; e a terra ao mundo físico em geral, à natureza e ao campo.

Deste modo, os Arcanjos regem sobre todo o visível e o invisível e têm sido assimilados pelos diferentes sistemas esotéricos e mágicos que, procedentes da mais remota Antiguidade, estenderam-se durante a Idade Média e o Renascimento, tais quais a astrologia, a alquimia e o tarô.

Os Anjos da Guarda

A cada um de nós, ao vir a este mundo, se nos é destinado um Anjo guardião. Cada indivíduo, independentemente de raça, crença, nível social, aspecto humano ou tamanho, tem o privilégio de ter a seu lado um Anjo que o acompanha durante toda a vida. Está conosco o tempo todo, aonde quer que vamos, e independentemente do que façamos.

Esteve conosco desde o princípio, e com toda segurança já nos entrevistamos com ele quando decidimos vir a este mundo com o corpo e as qualidades humanas que sofremos e das que hoje desfrutamos.

Dizia o Papa João XXIII:

> *A existência dos Anjos de custódia é uma verdade de fé continuamente professada pela Igreja que desde sempre fez parte do tesouro de piedade e doutrina do povo cristão. A Igreja venera-os, ama-os e são motivo de doçura e de ternura.*

Ainda que é certo que em algumas ocasiões – para nossos olhos humanos – o Anjo da Guarda parece ter-se afastado de nós, também é fato que todos vivemos acontecimentos em que sua presença é indiscutível.

Quem não arriscou sua vida alguma vez de maneira irresponsável e temerária?

Quem não sentiu que no momento crucial algo ou alguém, alguma força invisível interferiu, afastando-nos de um perigo que poderia ter causado a morte ou pelo menos danos físicos?

Qual condutor não experimentou alguma vez a sensação de que alguém o avisou, chamando-lhe peremptoriamente a atenção e aguçando seus sentidos em um momento chave?

Todos já iniciamos, alguma vez, algo com a profunda sensação de que aquilo era um erro, para mais tarde comprovar que, efetivamente, se tivéssemos continuado, as consequências seriam desastrosas.

De acordo com Terry Taylor, há duas épocas na vida de cada um, em que o Anjo da Guarda, Anjo de custódia ou Anjo guardião, tem de se esforçar ao máximo e inclusive recorrer à ajuda de outros Anjos: uma delas é ao redor dos dois anos de idade, época em que a criança, que já dispõe de mobilidade por si mesma, dedica-se a explorar o mundo que a rodeia, e a outra é a adolescência, em que um impulso semelhante, mas de outro nível, faz-nos depreciar totalmente os perigos com que nos defrontamos.

As crianças, antes de alcançarem a idade escolar, costumam perceber os Anjos muito mais claramente do que as pessoas adultas, e do mesmo modo toda uma série de entes incorpóreos.

Com frequência, estes assumem forma infantil e assim participam dos seus risos e dos seus brinquedos. Outras vezes, costumam vê-los com a aparência de jovens, de notável beleza, homens ou mulheres. Além do mais, independente desta circunstância, tudo parece indicar que os seres angélicos sintam certa preferência pelas crianças.

O já mencionado doutor Lee relata em seu livro como dois meninos, filhos de um modesto camponês, ficaram brincando enquanto seus pais ocupavam-se da colheita. Os meninos, ansiosos de vaguear pelo bosque, afastaram-se demasiado da casa e não conseguiram achar o caminho de volta. Quando os pais, cansados, regressaram ao escurecer, deram pela ausência deles e depois de buscas infrutíferas pelas casas vizinhas, enviaram os jornaleiros à procura dos menores pelas variadas direções. Contudo, a exploração resultou inútil e todos voltaram aflitos. De repente, viram a distância uma luz que se movia lentamente através dos campos limítrofes da estrada. A luz era esférica e tinha uma bela cor dourada.

Os pais e seus ajudantes correram imediatamente e ao chegarem viram que ali estavam as crianças, enquanto a luz se desvanecia totalmente.

Os pequenos relataram como se perderam no bosque e depois de chorar e pedir socorro, adormeceram aos pés de uma árvore. Logo, despertou-os uma belíssima senhora que trazia uma lâmpada, segurou-lhes as mãos e levava-os para casa quando seus pais os encontraram. Por mais que as crianças perguntassem, a aparição não fez senão sorrir, sem pronunciar palavra. Os pequenos mostraram tal convencimento no seu relato que não houve meios de quebrantar sua fé pelo que tinham visto. Ainda que todos os presentes vissem a luz e pudessem perfeitamente distinguir as árvores e as plantas que cabiam dentro do círculo iluminado, só as crianças perceberam a aparição angélica.

O relato seguinte é da senhora Jovita Zapien, que ouviu a voz do seu Anjo da Guarda pela primeira vez quando era criança e viu-o só uma vez, já maior:

Minha primeira experiência com Anjos aconteceu há muito tempo. Tinha então sete anos e era a terceira de sete irmãos. Vivíamos numa casa bastante grande que incluía uma espécie de depósito onde se amontoavam diversas máquinas, procedentes de uma antiga oficina de impressão.

Geralmente nunca entrávamos ali, mas um dia em que minha mãe foi visitar minha avó, deixando-nos sós em casa e fechados à chave, ocorreu uma ideia a uma das minhas irmãs. Amarramos uma rede ao puxador da porta e o outro extremo a um ferro que sobressaia de uma daquelas máquinas. Assim construiu uma espécie de balanço. Comprovou que era seguro balançando-se por um momento e logo se seguiram os demais.

Como meus irmãos pequenos, choravam, decidi ceder-lhes o meu turno e balançar-me por último. Quando finalmente chegou a minha vez e comecei a balançar-me, ocorreu algo inesperado. Pelo que parece, aquela máquina estava em equilíbrio precário, pois aconteceu que caiu e eu fiquei presa embaixo. Um dos ferros havia atravessado meus músculos e o sangue jorrava aos borbotões. Perdi a visão e não sentia nenhuma dor, só um calor muito intenso e uma sensação de frouxidão e abandono. Ouvia gritarem minhas irmãs maiores e os pequenos choravam, mas nada me importava, sentia-me como ausente, indiferente a tudo aquilo. De repente, ouvi uma voz que com toda clareza me ordenava movimentar-me e manter-me desperta. Obedeci e enquanto minhas irmãs levantavam de algum modo aquela pesada máquina, os menores puxavam-me para retirar-me. Arrastando-me, levaram-me até a cama e ali fiquei até que minha mãe chegou.

A ferida da musculatura demorou um tempo para curar, mas finalmente minha faculdade motriz não ficou afetada em absoluto, pois cheguei inclusive a ganhar prêmios em atletismo. Ninguém compreendeu nunca como algumas meninas puderam erguer aquela máquina, cujo peso era de mais de duas toneladas, para tirar-me debaixo.

Quando muitos anos depois levaram a máquina, vi que entre muitos homens só alguns podiam movê-la e foi necessária uma grua.

Assim, naquela ocasião não vi o Anjo, mas ouvi claramente a sua voz, sobretudo, fiquei consciente da sua tremenda ajuda.

Posteriormente, voltei a ouvir sua voz, sempre em momentos muito delicados e críticos da minha vida, e tão somente uma vez o vi. Foi no mês de dezembro de 1987. Fazia cinco meses que havia perdido uma filha de um mês. Morreu repentinamente em seu berço. A perda afetou-me tanto, que nem sequer as diferentes terapias que havia seguido, conseguiram devolver-me o gosto pela vida. Voltei ao trabalho e à minha vida anterior, mas já nada tinha sentido para mim. Passava as horas chorando. Continuamente me perguntava o que havia feito eu para merecer aquilo. Tinha os nervos destroçados e padecia de insônia.

Costumava despertar-me às duas ou três horas da manhã, sem poder conciliar de novo o sono, atormentando-me a mim mesma com as perguntas de sempre. Numa daquelas noites o vi. Apareceu na janela, por fora – não havia cortina – tinha o aspecto de um homem de uns trinta anos, com cabelo longo, barba, o rosto oval e um olhar docíssimo. Quando o vi, senti que toda a desgraça e a minha amargura se diluíam, deixando espaço para uma imensa sensação de tranquilidade e bem-estar. De fora e através do cristal, falou-me e disse-me que não era necessário que sofresse mais, que já estava bem da angústia e da dor e que logo tudo mudaria para mim e seria feliz de novo. A diferença de temperatura havia empanado o vidro; não obstante o percebi com toda clareza, pois aproximou muito o seu rosto do vidro. Depois de uns segundos desapareceu.

Uma paz e uma felicidade inexplicáveis me invadiram. De repente, pensei que aquilo não poderia ser, que tudo era produto da minha imaginação e que seguramente estava ficando louca. Saí e examinei atentamente a janela pelo lado de fora.

O granizo cobria o vidro, entretanto, no centro se percebia a silhueta onde, um momento antes, havia estado aquele ser. Toquei no vidro naquele ponto e achei inexplicavelmente morno, enquanto que nas bordas da janela continuava congelado. Não havia dúvida, alguém esteve ali, alguém que com seu olhar e algumas breves palavras infundiu novo rumo à minha vida. Efetivamente, desde então, a minha situação mudou. A insônia e a depressão desapareceram e minha vida outra vez se encaminhou.

Outros Anjos

Independentemente da classificação do Pseudo-Dionísio e dos Anjos da Guarda, existe toda uma legião de Anjos destinados a trabalhos mais concretos, alguns relacionados com os seres humanos e outros não.

Na experiência relatada por Gitta Mallasz em seu livro *Diálogos com o Anjo,* são quatro Anjos os que falam, diferenciando-se e denominando-se a si mesmos precisamente pela tarefa que cada um deles cumpre: o que constrói, o que irradia, o que mede e o que ajuda.

O evangelho apócrifo de João, encontrado em Nag Hammadi, Egito, cita por seus respectivos nomes uma série de mais de cem Anjos, que foram os que ajudaram Deus a formar o corpo do primeiro homem, trabalhando cada um deles com uma parte concreta da estrutura física de Adão.

A respeito da referida legião de Anjos construtores, está a autoridade de outros sete maiores: Miguel, Uriel, Asmenedas, Safasatoel, Armuriam, Richram e Amiorps. No total, de acordo com o evangelho apócrifo de João, foram 365 os Anjos que colaboraram com Deus, até deixar pronto tanto o corpo material de Adão quanto o seu corpo psíquico.

Tudo parece indicar que os Anjos são tão numerosos, que existem especialistas em praticamente cada especialidade ou circunstância humana que se nos ocorra.

Estes são alguns deles:

- Anjos que curam o corpo.
- Anjos que despendem alegria.
- Anjos especialistas em assuntos financeiros.
- Anjos reconciliadores.
- Anjos que eliminam os obstáculos.
- Anjos que trazem e levam mensagens.
- Anjos protetores (que atuam unindo suas forças às do Anjo guardião).
- Anjos que ampliam a compreensão.
- Anjos que curam as feridas da alma.
- Anjos que aliviam a dor.
- Anjos que ajudam nos estudos.
- Anjos que dão beleza (e embelezam a vida).
- Anjos que dissipam os rancores.
- Anjos que favorecem a amizade.
- Anjos que difundem o amor.
- Anjos que impulsionam a justiça (a de Deus, que é amor, não a dos homens).
- Anjos que nos assistem no momento da morte.
- Anjos que dão à luz.
- Anjos construtores.
- Anjos da criatividade artística.
- Anjos que transmitem e semeiam novas ideias científicas.
- Anjos que ajudam a encontrar objetos extraviados.
- Anjos da chuva.
- Anjos do sonho.
- Anjos que favorecem a paz espiritual.

A qualquer um deles podemos recorrer em qualquer momento, solicitando sua colaboração, seja diretamente ou através do nosso Anjo da Guarda.

Outros seres espirituais

Os espíritos da natureza ou devas. Ainda que o significado real da palavra Deva seja *Ser de Luz* com o que todos os Anjos seriam devas, este termo hindu costuma ser usado quase exclusivamente para designar os espíritos da natureza. Estes seres espirituais cumprem com os animais, as plantas e a natureza em geral as mesmas funções que os Anjos desenvolvem com os seres humanos. Ocupam-se em manter e aperfeiçoar os padrões arquetípicos de todas e cada uma das espécies que povoam a geologia, a fauna e a flora do nosso planeta.

Supervisionam e velam para que tanto suas funções quanto sua evolução transcorram de acordo com o plano divino. São os Elfos, as Fadas, os Gnomos, as Ninfas e os Faunos.

Muitas crianças e também adultos dotados de uma especial sensibilidade têm visto estes seres. Outros mais afortunados chegam a comunicar-se com eles.

As testemunhas são abundantes e entre todas elas destacam-se as recolhidas em Findhorn, comunidade espiritual situada no norte da Escócia, onde se realizou a mais extraordinária associação ocorrida em tempos modernos entre seres humanos e entidades dévicas. Os resultados continuam à vista e têm sido amplamente documentados.

Quem se dedique à jardinagem e tenha algum interesse no aspecto espiritual das plantas e da natureza em geral, deverá aproveitar-se da maravilhosa experiência em Findhorn.

Existem vários livros que relatam com detalhe esta inter-relação entre seres humanos e espíritos da natureza que se deu e segue ocorrendo neste lugar, inclusive com conversas diretas entre uns e outros.

Espíritos guias e espíritos protetores

Os espíritos guias não são Anjos e os Anjos são diferentes dos espíritos guias.

Geralmente, estes últimos tiveram forma física com anterioridade, enquanto que os Anjos nunca estiveram encarnados neste planeta.

Não obstante, são percebidos por algumas pessoas de um modo muito similar. Ainda que ambos os tipos de seres espirituais estejam dedicados a guiar-nos e proteger-nos, os espíritos guias ocupam-se mais dos assuntos cotidianos, enquanto que a atividade dos Anjos está mais focada em nossa elevação espiritual, ajudando-nos a alcançar reinos mais elevados, reinos cujos valores são totalmente diferentes dos que regem este mundo físico.

Isto não quer dizer que os Anjos se desentendam dos numerosos problemas que devemos afrontar na vida diária, pois sua proteção alcança, também, o nível mundano, mas sua ajuda para resolver estes problemas sempre terá um componente de superação espiritual, sempre farão com que o dito problema seja uma oportunidade para melhorarmos, para crescermos a um nível essencial, pois esta é sua principal tarefa: aproximar-nos mais de Deus.

Devemos levar em conta que o mundo invisível está povoado por seres muito numerosos e diferentes, que também apresentam graus muito diversos de evolução espiritual. Alguns xamãs servem-se de espíritos protetores, os quais, tampouco têm absolutamente nada a ver com os Anjos. Em muitos casos, estes espíritos protetores mais parecem ferozes animais incorpóreos, cuja única missão é proteger o ser humano a que servem.

O doutor J. Grinberg Zilberbaum cita o caso de Dom Panchito e Dona Sara, xamãs de Yucatán, cujos espíritos protetores chegaram a danificar seriamente e inclusive a causar a morte daqueles que tinham prejudicado seus donos. Eram espíritos protetores muito eficientes, mas claramente não tinham nada de Anjos.

Os Anjos estão na moda

Ainda que pareça uma afirmação bastante frívola, trata-se de um fato indiscutível. Tanto em Nova York quanto nas grandes cidades europeias, inauguram-se quase a cada semana exposições artísticas em que eles são o tema principal.

Os livros editados acerca de Anjos, nos últimos anos, chegaram a ser numerosos e os artigos em revistas, algo cotidiano. Entre os mais extraordinários encontros ocorridos entre Anjos e seres humanos, durante o século XX, está, sem dúvida, o experimentado por quatro jovens artistas húngaros que durante dezoito meses, em plena Segunda Guerra Mundial, mantiveram semanalmente uma conversação com vários Anjos. Estas conversas foram recolhidas e publicadas pela única sobrevivente do grupo, Gitta Mallasz, em seu emotivo e extraordinário livro, *A resposta do Anjo.*

Entre as revistas destaca-se, *The Angel Watch*, dedicada exclusivamente a publicar relatos de experiências com Anjos.

Tanto o ex-presidente Clinton quanto sua esposa Hilary, costumam cada qual trazer Anjos de ouro nas lapelas, o que fez com que milhões de americanos os imitassem automaticamente.

Somente na Califórnia, existem dezoito empresas dedicadas com exclusividade ao comércio de produtos sobre

Anjos. Esta moda tem crescido até o ponto que o Anjo foi a figura da capa da Revista *Time*, que costuma destacar na sua cobertura de fim de ano a personagem que vai ter mais projeção futura.

Geralmente se trata de pessoas, mas nem sempre é assim. O artigo acerca de Anjos na *Time* ocupava oito páginas. Na mesma semana, *Newsweek* publicou um artigo de sete páginas, intitulado *Os Anjos estão entre nós.*

Os anúncios de cursos para aprender a visualizar o Anjo da Guarda e para comunicar-se com ele enchem as revistas da Nova Era.

O prestigioso diretor de cinema alemão, Win Wenders, produziu duas boas películas a respeito de Anjos: *As asas do desejo* e *Tão longe, mas tão perto.*

As séries de televisão sobre o tema estão na ordem do dia, destacando sem dúvida, entre elas, *Autopista para o céu*, produzida e protagonizada pelo malogrado e inesquecível Michael Landon, que em várias ocasiões confessou que a ideia desta série lhe chegou por consequência de uma experiência pessoal.

Para muitos, trata-se de uma moda, mas provocada e fomentada por quem comercialmente dela se beneficia. Para outros, é indicativo da ansiedade espiritual que persegue o homem de hoje.

Devemos considerar os Anjos totalmente alheios a toda esta reviravolta? Sem dúvida, não. Parece que a relação dos Anjos, ou ao menos de certos Anjos, com nosso mundo, está sendo reorganizada nos últimos tempos.

Determinadas mudanças que já se estão produzindo na consciência coletiva permitem que agora nós e eles fiquemos um pouco mais próximos, pelo menos do ponto de vista da nossa apreciação, da nossa intuição e da nossa consciência.

Para mim, está claro que são eles que decidiram pular para as páginas das revistas e às telas do cinema e da televisão, talvez como uma maneira de nos fazer mais conscientes dos planos superiores da existência e também da sua presença em nossas vidas.

A Igreja e os Anjos

Tanto o Antigo Testamento quanto o Novo Testamento estão literalmente cheios de presenças e atuações angélicas, mas a existência dos Anjos não constitui dogma de fé na religião cristã, nem sequer na confissão católica, apesar de que ocupem um papel importante na sua liturgia.

O credo não os menciona, e não faltam líderes da Igreja que tenham mostrado sobre eles posturas displicentes, limítrofes do ceticismo. Não obstante, o Papa João XIII, denominado precisamente pastor angélico na famosa profecia de São Malaquias sobre os papas, manifestou em mais de uma ocasião que os Anjos os ajudaram em seus difíceis labores diplomáticos, exortando sempre os ouvintes das suas conversas radiofônicas a que não abandonassem a devoção do Anjo da Guarda.

João XXIII falava com frequência de seu Anjo Guardião, chegando a afirmar que tinha sido ele quem lhe sugeriu a ideia de convocar o Concílio Vaticano II.

Talvez, por consequência deste impulso, dado à devoção angélica por João XXIII, seu sucessor Paulo VI, promulgou a encíclica Opus Sanctorum Angelorum, documento que trata de potencializar a crença nos Anjos e de possibilitar, assim, a colaboração entre Anjos e homens para a maior glória de Deus.

Ante o furor despertado, na atualidade, pelos Anjos, dentro da chamada Nova Era, minha impressão é que a hierarquia eclesiástica está se mantendo à expectativa. Trata-se na realidade de uma moda passageira ou de mais um sinal de que os tempos estão acelerando-se, e de que devemos tomar consciência, de uma vez, de um mundo espiritual, da transcendência de nossas vidas e da importância de vivê-las plena e conscientemente, a fim de extrair da nossa passagem por este mundo o ensinamento essencial que Deus nos tem destinado? Sem dúvida, os Anjos podem nos ajudar nisso. Peça-lhes sua ajuda!

Pedindo ajuda aos Anjos

"Pedi e se lhes dará, buscai e achareis, chamai e se lhes abrirá, porque todo aquele que pede, receberá, quem busca encontrará e quem chama se lhe abrirá".

Quem de vós, quando seu filho lhe pede pão, lhe daria uma pedra?
(Mateus: 7, 79).

Os Anjos podem mudar sua vida. E tudo o que tem a fazer é pedir-lhes que o ajudem. Tão somente isso.

Vamos contemplar alquimicamente esta decisão, analisando suas quatro condições necessárias: querer, poder, saber e atrever-se.

Querer

Dou por suspeito que queira isolar esta comunicação e que deseje realmente pedir ajuda aos planos superiores da existência.

O querer é o motor de tudo; se o motor falhar ou nem sequer existir, não haverá possibilidade de chegar à meta, nem de obter o mínimo resultado, por muito que esta meta e estes resultados tão desejados estejam nos esperando depois da primeira curva do caminho.

Poder

Todos podemos e todos podem.

Nem sequer o fato de não crer na existência dos Anjos é um impedimento para recorrer a eles e para nos beneficiar de sua ajuda. É certo que o poder da fé é enorme e que "move montanhas", mas neste caso seu papel, ainda que naturalmente ajude a estabelecer a comunicação, não é primordial.

Não estamos tratando aqui de nenhum tipo de autoprogramação, auto-hipnose nem sequer autoajuda, mas de pedir e obter o auxílio de alguns seres tão reais quanto nós, ainda que nossos sentidos não sejam capazes de percebê-los.

Saber

Na realidade, não existem protocolos nem normas estabelecidas. Qualquer chamada, qualquer tentativa de nos dirigir a eles, que seja sincera e proceda do coração, lhes chegará, será ouvida e atendida.

Não obstante, para evitar interferências, é bom manter presentes as seguintes recomendações, que não são mais do que leis universais aplicadas a este caso em particular.

1. **Evitar a pressa e a precipitação**

Ainda que me conste que as chamadas urgentes e desesperadas são pontualmente atendidas, o contato com nosso Anjo da Guarda, ou com qualquer outro, realiza-se bem mais em uma atmosfera de calma e tranquilidade, tanto interior quanto exterior.

2. **Ter sempre muito presente o imenso poder criativo da palavra**

A prosa inconsistente e ociosa contém sempre um perigo e esse perigo multiplica-se por mil quando os termos que usamos têm uma carga transcendente ou divina.

A proibição judaica de pronunciar o nome de Deus não carecia de motivo. Inclusive em nossos dias, nos países de língua francesa a expressão: "Nom de Dieu!", que a nós pode parecer das mais inocentes, está considerada como uma das piores blasfêmias que se possa pronunciar.

É precisamente um dos mais frequentes abusos da palavra as blasfêmias e as maldições.

É conveniente evitar a companhia dos que costumam poluir o espaço com suas palavras, afastando a energia positiva que normalmente o habita.

É importante abster-se do emprego inconsciente daqueles termos que se referem ao mais sagrado: Deus, Jesus, a Virgem e todas as combinações de letras que nos conectam de um modo ou de outro aos planos sagrados superiores.

O uso de tais palavras sempre causa um efeito, e sua utilização em momentos de cólera ou de rancor é como lançar uma pedra para cima, que muito provavelmente cairá mais tarde sobre nossa própria cabeça.

Tudo irá melhor se deixarmos as palavras importantes para os momentos importantes.

3. **Tratar de utilizar sempre em nossa petição o tempo presente**

No mundo dos Anjos não há passado nem futuro. Há mil e trezentos anos escrevia o sábio sufi Nasafi:

> *Os Anjos estão no mundo invisível; eles mesmos são o mundo invisível. Nesse mundo não há ontem nem amanhã, nem ano passado, nem ano presente, nem ano próximo. Cem mil anos passados e cem mil anos por vir estão presentes indiferentemente, já que o mundo do invisível não é o mundo dos contrários; o antagonismo é produto somente do mundo visível. O tempo e a dimensão temporal não existem mais que para nós, filhos das esferas e das estrelas, habitantes do mundo visível. No mundo invisível, não há tempo nem dimensão temporal. Tudo o que existiu, existe e vai existir, está sempre presente.*

Por isso, devemos nos esforçar em evitar o uso do passado e do futuro, pois poderia ser que de outro modo para o Anjo, a quem dirigimos nossa petição, lhe fosse mais difícil captá-la. Recordemos que somente ele conhece a hora.

4. **É necessário expressar-se sempre de uma maneira positiva**

Não devemos pedir: *Não quero perder meu emprego*, ou, *por favor que não morra meu marido*, senão simples e simploriamente o que na realidade desejamos: *manter nosso trabalho* ou *que meu marido desfrute de saúde e o amor reine em nosso matrimônio.*

Ao utilizarmos frases negativas, ainda sem sermos conscientes disso, estamos já imaginando a perda, a derrota, e isso é o que transmitimos aos planos mais sutis da realidade e aos seres que ali recolherão nossas súplicas; em consequência é muito provável que isso seja o que no final obtenhamos.

5. **Tratar de considerar o assunto como já resolvido, e inclusive** incluir em nossa petição o agradecimento por tê-lo recebido

É a forma mais efetiva de eliminar as dúvidas, já que de outro modo serão também transmitidas, obstaculizando todo o processo.

Trata-se de evitar, por todos os meios, que enquanto nos esquivamos em compor a petição da melhor maneira, nossa mente esteja na realidade transmitindo:

Quero isto, mas não tenho muita confiança em que esta petição sirva para algo.

A qual de ambas as ideias deverão, então, responder?

6. **Ser muito cuidadoso, pois receberemos exatamente aquilo que** estamos pedindo

Com toda uma série de implicações, inerentes ao fato ou ao objeto pedido, que talvez agora nem sequer alcancemos imaginar.

O símile da moeda é válido em todas as circunstâncias e situações da vida: não é possível ficar só com uma cara. Quem a queira terá forçosamente de carregar ambos os lados da moeda.

7. **Ser claros e concisos e tratar de evitar as incongruências**

Aos Anjos, lhes aborrecem as tolices. Não devemos cair no absurdo da clássica oração jocosa: *Senhor, dai-me paciência, mas a quero já!* Nem daquele que pedia que sua esposa fosse fiel, para que ele pudesse atender tranquilamente às suas diversas amantes, ou do ladrão profissional que ouvia missa e comungava cada dia antes de iniciar sua jornada "laboral".

8. Finalmente, é importante dar-lhes graças. Isto encerra e conclui o ciclo

A ação de graças consolida o obtido e nos confere seu título de propriedade. Omiti-la é como deixar aberto um circuito, por onde pode escapar a energia com efeitos indesejados.

Atrever-se

O passo mais decisivo é abordar um tipo de comunicação e de relação totalmente diferente.

Dizia Anthony de Mello:

O que falta para despertar? Não é necessário nem esforço, nem juventude, nem muito discurso. Só se necessita de uma coisa: a capacidade de pensar algo novo, de ver algo novo e de descobrir o desconhecido. A capacidade de movermo-nos fora dos esquemas que temos, de pular sobre eles e de olhar com olhos novos a realidade.

Assim, primeiro é atrever-nos a pensar ainda que os nossos sentidos não os captem, que existe a possibilidade de que os Anjos sejam uma realidade, e de que uma comunicação entre nós e eles seja perfeitamente factível.

Quem já possui esta crença terá agora de se liberar de crer que se trata de algo próprio da sua religião. Não é assim. Estamos falando de uma realidade que supera e transcende a todas as religiões. Por isso, é conveniente desprender-se de todo sentimento de exclusividade religiosa. Devemos já deixar de nos sentir privilegiados porque professamos a verdadeira religião.

Todas as religiões são verdadeiras para seus seguidores e falsas para os demais. As demais religiões não são senão

caminhos diferentes que vão ascendendo a uma mesma montanha e que, finalmente, se encontram todas lá encima.

Não são mais que as muletas que uma humanidade imatura necessita para aprender a caminhar por si só, como as duas linhas paralelas de que se servem as crianças quando aprendem a escrever.

Quando já escrevemos perfeitamente, quem continua utilizando as referidas linhas? Toda crença de que nossa religião é a verdadeira e as demais são falsas, será apenas um obstáculo no caminho do nosso progresso espiritual, da nossa salvação, um obstáculo que antes ou depois teremos de eliminar.

Aqueles que não creem que os Anjos existam e que estão desejando ajudar-nos, deverão adotar esta possibilidade como uma hipótese de trabalho e pensar que, se a existência dos Anjos é real, dita realidade terá de ser muito mais forte do que qualquer bloqueio originado por uma incredulidade e, por isso, capaz de vencer facilmente tal bloqueio manifestando-se, não de uma maneira sensível, dadas as limitações dos nossos sentidos, mas sim com fatos que no final das contas é o que nos interessa.

Ainda que a conversação com os Anjos costume dar-se na intimidade, um dos maiores obstáculos, que é necessário vencer, costuma ser o medo do ridículo. O medo do ridículo não é senão uma das múltiplas caras com que se apresenta nosso grande inimigo: a importância pessoal. Segundo o sábio Yaqui, Dom Juan, ao nos crer importantes, nos tornamos pesados e torpes.

Para chegar a ser filho da Luz é indispensável ser ligeiro e fluido. A importância pessoal separa-nos dos demais, dos nossos irmãos, os homens, e agora pode também separar-nos dos nossos irmãos maiores: os Anjos. Não deixemos, enquanto há tempo, que cresça e se desenvolva essa erva daninha, pois quanto mais forte e imponente chegue a se fazer, maiores terão de ser nossos esforços e mais dolorosa será a luta para aniquilá-la. E essa luta terá de ocorrer forçosamente antes ou depois.

A importância pessoal é como um lastro que nos mantém apegados aos níveis mais grosseiros da existência, impedindo-nos o voo para planos mais sutis e excelentes. Sob esta luz, a *Parábola de Jesus e o Jovem Rico* adquire mais significação. Já não se trata somente de riquezas, mas de algo muito mais nosso, e que leva muito mais tempo nos desprender.

E naturalmente não é privilégio dos ricos, senão que todos costumamos acolhê-la de braços abertos. Sejamos atrevidos para iniciar uma comunicação com os Anjos e pedir-lhes sua ajuda, mas mantendo a mente totalmente aberta, sem querer por força encaixá-los em nossas ideias pré-concebidas.

A Intuição

Para que nossa comunicação com o reino angélico seja mais fluida e efetiva, devemos conceder a esta faculdade o lugar e a importância que lhe correspondem. São muitos, todavia, os que contrapõem razão à intuição, considerando a primeira como a origem da ciência e da verdade absoluta e a segunda como algo inexistente, inventado pelos místicos, magos e charlatães, com o fim de justificar suas mentiras em alguns casos e abusar dos demais em outros.

O conhecimento racional é objetivo, lento e conceitual; é universal e forma-se mediante juízos e razões. O conhecimento intuitivo é subjetivo, privado, não conceitual e instantâneo. Ambos os tipos de conhecimento não são opostos nem excludentes, mas, pelo contrário, complementam-se entre si.

Desde o momento em que efetuamos nossa primeira petição ou iniciemos o primeiro contato consciente com os seres angélicos, nossa intuição se aguçará, e através dela receberemos respostas e avisos. É importante que estejamos alertas, a fim de não deixar escapar tais comunicados.

No momento de iniciar um projeto, uma relação ou uma viagem, quando sentimos algum tipo de desassossego interno, ou nos ocorre algum acontecimento ou alguma coincidência estranha que cremos possa ter uma carga premonitória negativa, será muito prudente não nos precipitar, analisar bem o assunto que vamos empreender e, se possível, esperar obter mais dados, antes de embarcarmos na referida nova empresa.

À medida que nossa intuição vai sendo aguçada e tornamo-nos capazes de receber através dela, com suficiente clareza, as mensagens que dos planos superiores são a nós enviadas, poderemos solicitar expressamente aos Anjos que nos guiem em determinados assuntos, permanecendo muito atentos em suas indicações. Como toda faculdade humana, a intuição é suscetível de ser exercitada e potencializada. O mais adequado é ficarmos atentos a ela de uma maneira tranquila, sem forçarmos as coisas nem sermos obsessivos, sem tentarmos tampouco ver indícios e presságios onde só há acontecimentos normais e correntes.

O que se pode pedir aos Anjos?

Na realidade, não existe limitação alguma ao que possamos pedir-lhes, nem há nada mal ao solicitar-lhes qualquer coisa que necessitemos, quer se trate de bens de caráter material, mental ou espiritual, com a confiança de que nos serão concedidos.

Tudo o que pedirem em oração, crendo, o receberão.

(Mateus 21 -22).

Sempre que não existam impedimentos de uma ordem superior e sempre que sua consecução seja positiva para nós e não prejudique ninguém. Poderiam pensar que eles já deveriam conhecer nossas necessidades e dedicar-se a atendê-las sem que tivéssemos de decidir expressamente nisto, mas o fato é que assim é como funciona o Universo, e ao efetuar a petição estamos dando o primeiro passo que põe em funcionamento todo o mecanismo.

As petições de natureza econômica costumam ser as mais abundantes – o que mostra claramente nossas inclinações, e creio que necessitem de mais explicação.

Podemos também pedir-lhes que se afinem nossas faculdades mentais, nossa inteligência, nossa memória e nossa compreensão.

Podemos solicitar de seu guia a sua opinião acerca de assumir decisões e sobre certas dúvidas que tenhamos. Nestes casos, é absolutamente necessário estarmos atentos à nossa faculdade intuitiva, já que sua resposta nos chegará possivelmente através dela, ou talvez em sonhos, mas sempre de forma inesperada.

Especial atenção há de ser dedicada às coincidências, pois, às vezes, é assim como eles nos indicam seu parecer ou a direção mais apropriada para conduzir nossos passos.

Podemos, igualmente, solicitar sua ajuda para que intercedam por nós ante outra pessoa cujo comportamento ou atitude consideremos injusta e inapropriada.

Podemos enfim, pedir qualquer tipo de bens para terceiros, familiares, amigos ou conhecidos.

Os pedidos de ordem espiritual são especialmente atendidos pelos Anjos e talvez seja este o campo que apresente mais dificuldade e onde sua ajuda seja mais efetiva. Em verdade, só o indivíduo pode superar-se a si mesmo, não é possível a ajuda exterior. Nossas potências perfectíveis radicam no eu místico, no incomunicável.

Ninguém de fora pode nos ajudar nisso. Agora, como estão os Anjos, dentro ou fora de nós? Pelo que parece, estão tanto fora quanto dentro, não ocupam nenhum lugar, são iguais a pensamentos, participando de algum modo da nossa natureza e ao mesmo tempo da natureza de Deus – quem não gosta da palavra Deus pode substituí-la por Ser, Essência, Divindade, Ser Supremo, Mãe Natureza etc.

Na realidade, nós, seres humanos, somos simples manifestações do Criador, tais quais as árvores, as flores, os rios. Somos parte dele, mas desafortunadamente não temos consciência dele e parece que nosso longo peregrinar pelos mundos físico e espiritual tem uma finalidade única: fazer--nos recobrar essa consciência perdida de que somos filhos de Deus, de que somos Deus.

Os Anjos também são Deus, mas evidentemente estão menos desligados que nós. Quem melhor do que eles para nos indicar o caminho correto e o método adequado para conseguir de novo sua conexão? E se toda relação angelical tem a ver com a intuição, a importância desta faculdade é primordial quando se trata de novo progresso interno, da evolução espiritual do indivíduo.

Digo indivíduo porque esta evolução não costuma ter nada a ver com o grupo e ainda menos com a multidão. Está na interioridade do Homem onde se dão os anelos de perfeição, não nas tertúlias, nem nas reuniões sociais. Assim, não existe limite algum para o que podemos pedir, se bem que unicamente se nos concederá enquanto não prejudique nem dane a nenhum dos implicados.

Existem ocasiões em que nossa cegueira nos faça pedir algo que na realidade irá contra nossos próprios interesses e que é muito mais conveniente para nós. Nesses casos, talvez os Anjos nos proporcionem um substituto eleito por eles, algo que seja próximo ao objeto de nossa petição e sendo muito semelhante a ele, não resulte em prejuízo para nós, nem para mais ninguém.

Quando ocorrem estas circunstâncias, recebemos algum sinal inequívoco, que nos permite identificar sua resposta e que nos faça ver a incoerência da nossa solicitação original.

Como realizar um pedido?

Ainda que qualquer petição sincera seja ouvida por eles, no meu caso particular, a forma de comunicação que me resultou mais eficaz é o que Terry Taylor e outros autores chamam de *Correio dos Anjos.* Trata-se, nada mais, nada menos, que escrever uma carta, relatando da maneira mais clara e concisa, pedir a ajuda para aquilo que nos preocupa e para o que desejamos encontrar uma solução, o aspecto da nossa vida que quisermos melhorar ou simplesmente a circunstância externa, o objeto ou o fato que desejamos obter.

Do mesmo modo que a palavra falada tem poder próprio, a palavra escrita também tem força especial. É muito importante a clareza. Os Anjos gostam tanto dela quanto do bom humor e ao mesmo tempo lhes desagradam as coisas enroladas tanto quanto as sérias e as falsamente importantes.

Podemos selecionar ao Anjo destinatário, conforme seja o assunto da nossa petição, ou podemos dirigir ao nosso Anjo da Guarda, recomendando-lhe que se ponha em contato com o Anjo ou o grupo de Anjos especialistas nesse assunto de que trata a nossa missiva. Podemos, ao mesmo tempo, informar ao Arcanjo que governa acerca do referido tema – por exemplo, Rafael, quando se trata de cura – pedindo-lhe sua ajuda para que destine a quantos Anjos forem necessários para solucionar a petição que fizemos.

É conveniente buscar um lugar tranquilo e dispor de algum tempo durante o qual, em princípio, não venha a ser interrompido. Do mesmo modo que na meditação, pode acender uma vela, aos Anjos lhes agradam as velas, e talvez incenso, se percebe que isso pode ajudar sua concentração. Permanecerá durante alguns instantes consciente da sua respiração, sem forçá-la, deixando que flua no seu ritmo natural. A seguir, concentrará toda a sua atenção em seu Anjo da Guarda, do modo como faria se fosse escrever a um amigo. Sentirá como a energia do seu Anjo o envolve e o inunda. Depois de fechar a carta e escrever: *Querido Anjo*, as palavras deverão fluir por si mesmas. Poderá expressar o quanto deseja e pedir sua ajuda para todos os assuntos que necessite. Uma vez tendo exposto todas as suas petições, agradeça-lhe antecipadamente e assine.

Em seguida, é conveniente pôr a carta em um envelope e fechá-la definitivamente. Se tiver um altar para meditação, um cofre onde guarde seus objetos mais valiosos ou algum lugar especial seu, pode depositar ali sua carta.

Algumas pessoas a colocam dentro de uma Bíblia ou de um livro com um elevado conteúdo espiritual. Outros a guardam em uma almofada, ou enterram-na ao pé de uma árvore ou a queimam, visualizando que a fumaça, ao elevar-se, leve a mensagem ao seu destinatário. Pode escolher o método que desejar. Em caso de dúvida, pergunte ao seu Anjo.

Do mesmo modo que ao nosso Anjo da Guarda, podemos escrever a qualquer outro Anjo, convidando-o a que venha à nossa vida ou pedindo sua ajuda para um caso determinado.

Em casos de problemas com outras pessoas que pareçam de difícil solução, podemos igualmente escrever a seu Anjo da Guarda, explicando-lhe as coisas que não podemos dizer pessoalmente a seus protegidos e solicitando sua ajuda para solução do conflito.

É imprescindível dizer sempre a verdade, expressando abertamente nossos sentimentos, nossos medos e nossas culpas. A partir do exato momento em que escrevemos a carta, as dificuldades começarão a desmoronar-se.

É importante incluir em alguma parte do texto a frase: *Para o maior bem de todos os implicados* e finalmente devemos dar-lhes nossos agradecimentos e reconhecer definitivamente sua ajuda.

Dizia João XXIII em uma alocução proferida em 1961:

> *Nosso desejo é que aumente a devoção ao Anjo Custódio. Cada um tem o seu e cada um pode conversar com os Anjos dos seus semelhantes.*

Uma vez que tenhamos iniciado o contato angélico, pode acontecer um fenômeno curioso: vemos Anjos por todos os lados, em casas comerciais, nas páginas dos periódicos, nas exposições, nas letras das músicas, nos filmes e no formato das nuvens que o vento move sobre nossas cabeças. É como se os sentidos tivessem se tornado repentinamente muito mais sensíveis à sua presença.

Também se multiplicam as coincidências. Conhecemos pessoas cujo nome é Ângelo ou o de um Arcanjo, que se interessem pelos Anjos ou que vivam no bairro ou na rua do Anjo, para dar um exemplo.

Nada impede que escrevamos mais de uma carta, ou que em uma mesma tratemos de diferentes assuntos e efetuemos várias petições, contanto que tudo esteja exposto com clareza.

O número de Anjos é ilimitado e do mesmo modo, tampouco, há limite algum para a quantidade de Anjos que estejam ocupados para as nossas petições.

Outro fenômeno que costuma acontecer, uma vez iniciado este contato homem-Anjo, é a sensação de estar sempre acompanhado.

Uma amiga a quem aconselhei que pedisse ajuda aos Anjos para seus múltiplos problemas, contou-me que há poucos dias, quando estava em um elevador, sentiu claramente a presença de alguém atrás dela e com rapidez se movimentou para a frente para não pisar ou chocar-se com a pessoa. Ao chegar ao seu destino, saiu e comprovou perplexa que só ela ocupava o elevador e por isso, aparentemente, havia estado todo tempo sozinha. De acordo com o que me disse, em nenhum momento teve o menor receio, mas só a sensação de estar com alguém. Quando, finalmente, viu que não era assim, sentiu-se contente e divertida.

Quando se nos apresenta de repente uma situação de risco ou especialmente perigosa, não há que duvidar em pedir seu auxílio mentalmente, com toda a intensidade de que sejamos capazes. É em tais momentos que sua ajuda costuma ser efetiva e espetacular, pois se há algo que realmente agrada aos Anjos é poder eliminar a angústia e as preocupações que incomodam os humanos.

A ajuda angélica no campo laboral produz certos resultados surpreendentes e ao mesmo tempo faz com que nosso trabalho deixe de ser uma carga para se converter em prazer.

Simplesmente, há que começar a jornada, mandando um pensamento aos Anjos especialistas nessa atividade, para que, desde o plano invisível nos acompanhe e nos ajude.

Além desse contato inicial, convém pedir-lhes mentalmente seu apoio, cada vez que vamos abordar uma tarefa delicada ou difícil. Com o tempo, chegam a estabelecer fortes laços de companheirismo, que não só aliviam nossa carga neste mundo, senão que, o que é mais importante, nos unem ao outro.

Podemos beneficiar-nos de sua ajuda em qualquer que seja o trabalho, ainda que certas profissões possam ser suas preferidas, como todas as que têm a ver com a cura, as crianças, a criação artística, a música, a difusão cultural, a assistência social ou a orientação psicológica.

Resumindo

Volto a insistir na ausência de normas.

Os Anjos amam, sobretudo, a liberdade, a espontaneidade e o humor, e qualquer pedido excessivamente pessoal, em que a forma predomine sobre o conteúdo, carecerá da força necessária para chegar até eles.

É exclusivamente você quem deve decidir o modo como realizar a comunicação, e toda imposição neste sentido, resultará, além de absurda, inútil.

Particularmente, o sistema da carta deu-me bons resultados, mas talvez seja porque para mim é mais fácil escrever do que falar, e talvez outros prefiram métodos diferentes.

Já são muitos os livros existentes acerca de como comunicar-se com o Anjo Guardião, com o Espírito Guia, o Protetor Interior ou como quisermos chamá-lo. Todos podem ser úteis e todos nos trazem ideias, mas em nenhum caso se tratará de uma pauta que obrigatoriamente devamos seguir ao pé da letra.

O importante é nos dirigirmos a nosso Anjo ou Anjos com sinceridade, confiança e respeito, e que apresentemos nossos desejos de maneira clara.

A melhor fórmula composta, e o ritual mais detalhado, tomados de um livro, nunca serão tão eficientes como qualquer oração original, talvez imperfeita, mas sem dúvida revestida com a força da autenticidade.

Há os que opinam que a repetição é muito efetiva, e é possível que não lhes falte razão. Então, será conveniente que se repita mentalmente a petição, cada manhã e cada noite.

Geralmente, recomenda-se efetuar o primeiro contato em estado alfa, depois de um relaxamento profundo. A seguir, uma simples chamada mental dirigida a ele ou a eles será suficiente, especialmente nos casos urgentes e angustiosos.

Não devemos esquecer que no mundo espiritual os pensamentos são uma força e uma realidade tangível. Assim, o simples fato de imaginarmos o Anjo da Guarda ou toda uma série de Anjos do nosso lado será suficiente para que automaticamente estejam ali. Se reforçarmos este pensamento com algum gesto físico, um simples movimento ou gesto, talvez cheguemos a sentir, de algum modo, sua presença sutil.

É melhor efetuar estas práticas quando nos encontramos a sós e em um lugar harmonioso, de preferência no campo. É muito importante que nos lembremos de incluir, em algum lugar da nossa petição, a frase: *Para o bem maior de todos os implicados.*

Uma vez realizada a petição, deveremos ficar atentos aos acontecimentos, coincidências estranhas com elas relacionadas, assim também a nossa intuição, pois não é estranho que através da dita faculdade chegue-nos alguma comunicação do plano angélico.

Finalmente, nunca devemos nos esquecer de dar graças.

Como saber o nome do meu Anjo?

De acordo com a Bíblia, existem miríades de Anjos, mas só três são invocados pelo seu nome: Gabriel, Miguel e Rafael.

Os antigos hebreus acreditavam em uma complexa hierarquia angélica em que todos e cada um dos seus componentes tinham um nome próprio, pois dentro do misticismo hebraico o nome estava revestido de uma importância capital.

Todas as ordens místicas e esotéricas possuem um ritual de iniciação em que o noviço recebe o seu novo nome que geralmente deve permanecer em secreto. É uma representação do seu nascimento para a ordem e através dela, para uma nova vida, em que esse nome significa novos poderes, mais conhecimento e mais sucesso espiritual. Assim, o fato de chamar alguém ou algo parece ter um significado importante.

A invocação dos Anjos da antiguidade judaica, logo adotados pelo mundo da magia, devia fazer-se pronunciando seu nome em certos momentos e em determinadas ocasiões. Do mesmo modo, o fato de descobrir o nome do nosso Anjo da Guarda pode também ser considerado uma espécie de

iniciação, como a recepção de uma chave que nos dará acesso a novos níveis de consciência.

Este descobrimento constitui talvez o ponto crucial do nosso relacionamento com o nosso Anjo da Guarda. Levando em conta que nós, a imensa maioria dos humanos, não somos capazes de perceber os Anjos de modo sensível, qualquer comunicação que, de um modo inequívoco, venha deles, adquire uma importância vital. E entre essas comunicações, uma das primeiras e principais é a recepção do nome do nosso Anjo da Guarda. Desde esse momento, o nome nos permitirá contatar diretamente com ele, tornando a comunicação muito mais fácil, já que nossa fé e nossa segurança terão aumentado.

Diferentes métodos já foram usados para averiguar o nome do nosso Anjo da Guarda, mas tomando por base minha própria experiência como a de numerosas pessoas que consultei, parece que o mais simples é o mais efetivo. Meu conselho é que cada noite, antes de dormir, estabeleça contato com seu Anjo, pedindo-lhe sua ajuda durante o sono, para os assuntos que nesse momento o preocupam, qualquer que seja a índole. Também, durante o dia, deveria em alguma ocasião afastar sua mente do trabalho ou do que nesse momento se ocupe, para lhe mandar ainda que só seja uma simples saudação e, naturalmente, poderá sempre pedir-lhe sua ajuda em qualquer momento e circunstância. À noite, nessa espécie de oração ou comunicação mental, pede-lhe que se acha conveniente, lhe revele seu nome, para assim poder dirigir-se melhor a ele, e deste modo já estreitar a união que existe entre vocês.

É comum que durante o sono ou bem de manhã, ao despertar, o nome do seu Anjo se manifeste clara e visivelmente à sua consciência. Não espere um nome bíblico, nem forçosamente terminado em "El". É possível um nome muito conhecido ou que jamais tenha ouvido na sua vida. Pode ser que se trate de um nome estrangeiro ou um diminutivo comum. É possível que não pareça nome em absoluto, mas automaticamente saberá com toda segurança que é esse o seu nome, e desde esse exato momento já terá uma forma de invocá-lo, de iniciar a comunicação com ele. Agradeça-lhe e disponha-se a iniciar um novo, alegre e esperançoso dia.

Os Anjos e a cura

Se os Anjos estão para nos ajudar, é evidente que uma de suas tarefas mais importantes deverá ser a cura em todos os seus níveis: físico, mental, emocional e espiritual.

Qualquer Anjo e, naturalmente, nosso Anjo da Guarda pode realizar tarefas curativas, ainda que existam Anjos especializados neste assunto. À frente de todos eles e dirigindo suas ações encontra-se o Arcanjo Rafael. Sua ação enquanto curador está claramente especificada no apócrifo *Livro de Enoque*, onde se diz que Rafael foi colocado por Deus sobre todas as enfermidades e feridas da Humanidade.

O Livro de Tobias confirma Rafael tal qual curador da espécie humana. Esse livro que para a Igreja Católica faz parte do Antigo Testamento, relata a história de um homem muito piedoso chamado Tobit e seu filho, Tobias. Esgotado pelo trabalho de enterrar um cadáver, Tobit adormeceu uma noite em uma tempestade, com tanta má sorte que o excremento de um pássaro caiu em seus olhos e deixou-o cego.

Oito anos depois, já desesperado, foi encontrado rogando a Deus que lhe concedesse a morte. Ao mesmo tempo, Sara, destinada a ser a esposa do seu filho Tobias, estava pedindo o mesmo, pois um ser demoníaco tornara-lhe a vida impossível, matando todo jovem que tentasse casar-se com ela.

Pensando na sua próxima morte, Tobit enviou o jovem Tobias a Média, para que recuperasse um dinheiro que havia deixado ali em depósito e encarregou-o que buscasse alguém para que o acompanhasse na viagem. Deus ouviu as orações de Tobit e de Sara e mandou o Arcanjo Rafael, que adotou o aspecto de um jovem israelita e assim foi contatado como acompanhante e guia de Tobias pelo soldo de um dracma diário. Partiram os dois com um cão que os acompanhou, e ao chegarem a Rio Tigre, acamparam.

Tobias desceu para lavar os pés e assim se viu quando um enorme peixe saltou da água tentando devorar o jovem que gritou assustado. Rafael ordenou-lhe pegar o peixe, e Tobias assim o fez, trazendo-o finalmente à terra. De acordo com as instruções de Rafael, Tobias abriu o peixe e extraiu-lhe o coração, o fígado e o fel, que foram devidamente guardados. Parte do peixe eles comeram assado e o resto, salvo as entranhas, que retiraram, conservaram-no no sal.

Já próximos de seu destino, hospedaram-se na casa se Ragüel, parente de Tobias, onde ele conheceu sua prima, Sara, e decidiu casar-se com ela, ignorando que sete homens haviam morrido em mãos de um demônio, por tentar o mesmo. Advertido por Ragüel do já ocorrido em sete ocasiões e sempre seguindo as instruções de Rafael, Tobias pôs sobre o braseiro dos perfumes da câmara nupcial o fígado e o coração do peixe. Ao perceber aquele odor, o demônio que se havia encantado por Sara saiu em disparada, com isso aproveitou Rafael para atrapalhá-lo e confiná-lo para sempre no lugar a ele apropriado.

Casado e com o dinheiro do seu progenitor e um generoso dote entregue por Ragüel, Tobias regressou à casa do seu pai. Ao chegar, o Arcanjo indicou-lhe como deveria usar o fel do peixe para curar a cegueira de Tobit. Tobias e Tobit decidiram finalmente recompensar Rafael por seus extraordinários serviços e, então, ele revelou sua identidade, desaparecendo em seguida de suas vistas.

Em nossos dias, são muito numerosos os curadores conscientes da presença e da ajuda angélica em seus labores curativos e muitos, entre eles, Ivan Ramon, da cidade do México, atribuem todo o crédito de suas curas aos seus chamados *irmãos maiores.*

No capítulo seguinte, cito o caso relatado por Joy Snell, em que uma misteriosa enfermeira curava milagrosamente os enfermos mais graves. Acontecimentos parecidos com esse são muito abundantes.

Transcrevo a seguir o que me relatou Eugene Niklaus, de Acambay, Texas, apenas três semanas após a ocorrência:

> *Eram pelas sete da tarde. Estava recentemente operado do pâncreas e minha situação era francamente muito delicada. Naquele preciso momento, encontrava-me só, dentro do hospital, muito fraco e com dores quase insuportáveis. De repente me invadiu uma tranquilidade muito grande e todas as moléstias desapareceram; logo ouvi que me falavam, ainda sem chegar a entender o sentido daquelas palavras. Então, de repente vi uma figura humana aos pés da cama; era um jovem de uns quinze anos. Ainda que percebesse seu corpo com menos claridade do que o rosto, notei que estava vestido de branco. Pude contemplá-lo durante uns vinte segundos e logo desapareceu. Fiquei com uma imponente sensação de tranquilidade e bem-estar inexplicável que permaneceu até o dia seguinte.*

O médico a quem relatei o ocorrido considerou-o uma alucinação causada pela febre, e meus familiares também, mas sei que aquilo foi algo muito real e creio que não esquecerei, enquanto viva. Minha saúde melhorou rapidamente a partir daquele dia, e atualmente estou totalmente restabelecido.

Na Revista *The Angel Watch* foi publicou o impressionante caso de um jovem veterano do Vietnam que foi curado da sua dependência de drogas por um Anjo que se lhe apareceu no funeral da sua tia, em pleno cemitério. Ainda que a autenticidade do seguinte relato pertencente ao livro do bispo Leadbeater, *Os Protetores Invisíveis*, pareça mais do que duvidosa, não pude evitar a tentação de incluí-lo aqui, pois além da sua beleza, tem a originalidade de ser relatado em primeira pessoa, quer dizer, o próprio Anjo, protetor invisível, para Leadbeater, é quem faz o relato:

> *Buscávamos novo trabalho quando de repente, exclamou Cirilo: 'o que é isso'? Havíamos ouvido um terrível grito de dor e angústia. Num instante nos transladamos ao lugar de onde partiu e vimos que uma criança de onze ou doze anos havia caído de um penhasco e estava muito ferida, com uma perna e um braço quebrados e uma enorme ferida na coxa, de onde o sangue saía aos borbotões. Cirilo exclamou: 'Deixe-me que o cure em seguida; do contrário vai morrer'. Duas coisas deveríamos fazer com toda rapidez: cortar a hemorragia e procurar a assistência médica. Para isso era preciso que Cirilo ou eu nos materializássemos, pois tínhamos necessidade de mãos físicas, não só para amarrar as vendas, mas também para que o infeliz menino visse alguém junto a ele naquele difícil momento. Repartimos o trabalho. Cirilo materializou-se instantaneamente e eu lhe sugeri a ideia de que pegasse o lenço que o menino trazia ao pescoço e o atasse fortemente com duas voltas. Assim o fiz e a hemorragia se conteve. O ferido estava meio inconsciente e apenas podia balbuciar*

algumas palavras, mas no seu mutismo contemplava o ser que se inclinava sobre ele e afinal perguntou-lhe: 'És um Anjo'? Cirilo sorriu levemente e respondeu: 'Não, sou uma criança que veio em seu auxílio'. Então deixei que o consolasse e fui buscar a mãe da criança, que vivia a uma milha de distância. Custou-me bastante trabalho infundir naquela mulher a ideia de que havia ocorrido uma desgraça. Por fim decidiu deixar o utensílio de cozinha que estava limpando e disse em voz alta: 'Não sei o porquê, mas sinto que devo ir à busca do menino'! Uma vez sobressaltada, pude guiá-la sem grande dificuldade até o lugar do acidente. Quando pôs o pé no penhasco, Cirilo desmaterializou-se e desde então passou a fazer parte das mais belas tradições da aldeia.

Aqui vemos outra das funções realizadas com muita frequência pelos Anjos: a de levar auxílio a quem desesperadamente o necessita.

O doutor S. W. Mitchell, da Filadélfia, foi despertado, já noite avançada, por uma menina não mais do que dez anos, pobremente vestida e em estado de grande ansiedade. Após uma pequena caminhada por ruas nevadas e solitárias, chegaram finalmente diante da mãe da criança, gravemente enferma de pneumonia. Depois de ocupar-se da enferma, o doutor Mitchell felicitou-a por ter uma filha tão sensata e decidida, a quem a enferma respondeu com um olhar estranho: *Minha filha morreu faz um mês.* Ante a perplexidade do médico, a enferma o fez abrir o armário em cujo interior se via o agasalho que usava a menina que foi procurar.

Fatos quase idênticos a esse são abundantes e figuram em todos os livros e publicações dedicados aos Anjos.

O padre Arnold Damien relata como em uma noite, já muito tarde, ouviu a campainha do edifício em que se

hospedava e a seguir a voz do porteiro, que explicava a seus interlocutores que já era demasiado tarde e que mandaria um sacerdote na primeira hora da manhã.

Corria o ano de 1870, e o velho reverendo Damien havia reduzido muito sua atividade, passando a uma quase aposentadoria; não obstante, saiu ao saguão e disse aos jovens que buscavam um sacerdote que iria com eles. Após segui-los pelas desoladas ruas de Chicago, chegaram finalmente a um dos mais afastados lugares da paróquia. Detendo-se diante de edifício maltratado, os meninos apontaram uma escada enclinda e disseram-lhe que na parte de cima, na cobertura, lá estava sua avó.

Depois de subir pela estreita escadaria e puxar a porta, o velho sacerdote achou-se diante de uma mulher de quase noventa anos, a ponto de morrer. Após receber a comunhão e preparar-se para a viagem que ia empreender, a idosa perguntou-lhe num fio de voz:

– *Pai, como o senhor veio até aqui? Só alguns poucos vizinhos sabem que estou enferma e nenhum deles é católico.*

– *Seus netos me trouxeram até aqui* – respondeu o sacerdote.

– *Sim, tive dois netos* – continuou dizendo a anciã – *mas, ambos morreram faz muitos anos.*

Anjos sob forma humana ou espíritos das crianças falecidas? Para nós é difícil saber, mas o caso é que relatos deste tipo são demasiado abundantes para ser ignorados em função das suas estranhas circunstâncias.

Geralmente, a ajuda dos Anjos costuma chegar sem intervenção alguma de personagens estranhos ou milagrosos. Qualquer que seja sua enfermidade, peça com fé seu auxílio. Logo, conhecerá alguém que de um modo totalmente casual e inesperado lhe dará a informação que necessita ou o conduzirá onde possam curá-lo. Tudo que tem a fazer é pedir sinceramente sua ajuda e estar atento ao que venha ocorrendo. No meu caso, conheci uma pessoa que – Oh! Casualidade! Dedicava-se a pintar Anjos – apresentou-me a outra que literalmente me levou para onde me livrariam do câncer que atormentava minha vida. Ali pude ver como se curavam enfermos de AIDS e outras enfermidades consideradas incuráveis pela medicina oficial.

Uma vez mais: os Anjos estão esperando para nos ajudar. Tudo que temos a fazer é pedir-lhes.

Os Anjos no momento da morte

Durante toda a nossa vida, os Anjos nos acompanham ajudando-nos, e quando finalmente nos chega o momento da morte, continuam ao nosso lado, assistindo-nos e dando-nos forças nessa passagem de uma dimensão a outra.

A presença dos Anjos e dos já defuntos familiares e amigos de quem vai morrer, junto ao seu leito, no momento da morte, foi abundantemente registrada ao longo da História. As chamadas *aparições no momento da morte* geraram copioso material para numerosos livros escritos por diferentes investigadores e especialistas. Talvez o inglês, William Barrett, tenha sido o pioneiro neste tema.

Físico notável e esposo de uma doutora, reuniu suas experiências em uma obra intitulada *Visões no leito de morte. Experiências psíquicas dos moribundos,* que publicou no ano de 1926.

Algumas décadas mais tarde, os parapsicólogos de todo mundo puderam reunir e classificar dezenas de milhares de casos, dando assim origem a numerosas obras acerca desse interessante assunto.

Joy Snell, enfermeira inglesa com faculdades de vidência, presenciou durante sua longa vida profissional muitos casos em que os Anjos chegavam a ajudar a alma do defunto, guiando-o para os planos superiores. Nunca comentou nada com ninguém já que receava perder seu trabalho, e que os outros a tomassem por louca.

Não obstante, uma vez aposentada, relatou suas experiências no emocionante livro: *O mistério dos Anjos*. Nele relata também o caso de um Anjo que costumava adotar o aspecto de uma enfermeira de meia-idade. De início, pensou que se tratava de um ser humano.

Nos seus serviços noturnos via, com frequência, esta outra enfermeira entrando nas alas dos pacientes mais graves e apenas tocava-os, enquanto dormiam ou se encontravam inconscientes. Na manhã seguinte, estes enfermos mostravam invariavelmente grande melhora, manifestando que haviam tido um sono tranquilo e reparador, e em alguns casos que haviam ouvido em sonhos certa música celestial.

Quando Joy Snell decidiu averiguar a identidade daquela enfermeira, capaz de melhorar de modo tão extraordinário seus pacientes, descobriu que dentre todo o pessoal do hospital não existia ninguém cujos traços coincidissem com ela.

Ninguém, nem o ser mais querido, nem o amigo mais íntimo, nos poderá acompanhar nessa extraordinária experiência que é a morte do corpo físico. Que grande sorte seria encontrar alguém que pudesse! Por que não intimar desde agora com nosso Anjo, com esse maravilhoso ser de luz que está só esperando um gesto de aproximação da nossa parte?

A Imaginação

A imaginação é a visão do espírito, os olhos do coração. Com ela construímos nosso futuro e nela semeamos a semente da nossa esperança, a semente dos nossos futuros sucessos.

Esta semente germinará, quando cuidada devidamente, e em seu momento dará um abundante fruto. Cultivar a imaginação é dedicar tempo e cuidados a desenvolvê-la para que possa ser utilizada de um modo prático na vida. As asas da imaginação nascem da terra, mas se estendem até o céu e mais além dele.

Tudo quanto imaginemos e visualizemos já existe noutro plano, pois o pensamento imaginativo é uma potente força criadora da natureza. Deus imaginou o mundo e o mundo foi. Assim, vivemos em uma imagem da mente divina. Também o imaginado e visualizado por nós converter-se-á em realidade neste plano, ao receber as energias necessárias para isso. E aqui é onde os Anjos podem intervir de uma maneira decisiva. Peça-lhes que reguem esta semente, que lhe aportem toda energia necessária para fazer que vá tomando corpo, que desça de esfera em esfera até chegar ao mundo físico, que é onde agora a necessita.

Talvez esta faculdade a tenhamos adormecida pelo pouco uso que fazemos dela. É muito necessário cultivar e desenvolver a imaginação, pois é como uma escadaria cujos degraus inferiores estão apoiados aqui na Terra, mas os de cima descansam no Céu. Uma vez iniciado o processo, devemos manter nossa energia suficientemente alta, de modo que as preocupações e as dúvidas fiquem bloqueadas e os canais da visualização permaneçam abertos e limpos. Devemos saber que o processo já está em funcionamento e que no seu momento se materializará.

Confiemos na natureza, na ajuda dos Anjos, em Deus.

A imaginação é a arte e a prática de criar ideias, de formar imagens mentais claras. Nossa imaginação é nosso futuro. Quando queremos algo, devemos ser capazes de visualizá-lo e de gerar em nossa mente uma imagem clara e perfeitamente definida de tal desejo. Se usarmos nossa imaginação com fé, obteremos tudo quanto desejemos, pois, de fato, já o possuímos em nossa mente.

A imaginação nos une diretamente aos Anjos. Eles podem prover essa imagem nossa com grande parte da energia que necessita para se adensar até chegar a este plano da realidade. Com fé na imaginação, nos Anjos e em Deus, podemos alcançar qualquer coisa. Se tiver dificuldades para experimentar os Anjos, imagine tudo que seja capaz a respeito deles, utilize o que já sabe e o que deseja saber.

Imagine que se encontre com um, seu aspecto e a impressão que lhe causa, represente-se flutuando com ele sobre as nuvens, sobre os continentes e sobre os mundos. Escreve no seu diário as sensações que experimenta. Desenvolva seu próprio sistema para conhecer os Anjos. Não tente se convencer de nada, nem se esforce em absoluto; simplesmente relaxe e permaneça atento para atrair os Anjos para a sua vida e fazer com que joguem com você e para você.

É imprescindível que cultive a imaginação, que pense positivamente e que veja o lado positivo das coisas.

Quando semear a semente da esperança, os Anjos a regarão com sua poderosa energia. Assim poderá criar seu futuro.

Você tem o necessário, só falta se decidir.

Brincando com os Anjos

Para os Anjos, seu trabalho é um brinquedo. Se quisermos sintonizar com eles, teremos de brincar também e naturalmente, e será necessário que aprendamos a reconhecer os sinais desse brinquedo, que simultaneamente serão indicadores inequívocos da sua presença.

O brinquedo é uma das relações mais gratificantes que pode acontecer entre seres inteligentes de diferentes espécies.

Quem não desfrutou enormemente brincando com seu cachorro ou seu gato? E também mais enriquecedoras para a espécie inferior, que neste caso somos nós.

A mais clara evidência de que os Anjos estão brincando ao nosso redor e seguramente conosco são as casualidades. Um dos seus maiores prazeres consiste em organizar coincidências e acontecimentos favoráveis. Cada vez que uma coincidência suspeita cruza nosso caminho, devemos aguçar a intuição, pois muito provavelmente seja um sinal de que nos estão mandando, atrás da qual estarão eles com toda segurança. Sendo assim, logo captaremos sua vibração mágica, sentiremos como se o ar se tornasse de repente mais fino e como uma sutil emoção nos embaraça.

Reciprocamente, qualquer comportamento lúdico e alegre de nossa parte criará muitas possibilidades de atraí-los para o nosso lado. Quando isso ocorre, notamos a conhecida sensação de paz e bem-estar, pois assim é como costumamos captar o amor e a energia que os Anjos sempre trazem consigo.

É bom visualizar Anjos ao nosso redor. Recordemos que a visualização tem um poder extraordinário, neste caso, de atração. Se os visualizamos, estarão e talvez consigamos, à medida que nossa intuição se desenvolver, captarmos sua presença de um modo vívido.

Sua proximidade equilibrará nossos corpos sutis, tranquilizará nosso espírito e fará com que nossa sorte aumente consideravelmente. E precisamente este último efeito, o aumento da sorte, é muito mais notável quando os visualizamos brincando.

Brincar com os Anjos é uma experiência sublime. Bem-aventurados os que se decidem a dar este passo, tão fácil e beneficente em todos os sentidos.

Um extraordinário sistema de comunicação com os Anjos, mediante o jogo, foi experimentado por Hania Czajkowiski. Consiste basicamente em dois maços de 52 cartas cada um. Um deles contém as alentadoras mensagens com que os Anjos descem a este mundo, com a finalidade de chegar até nós. As outras 52 cartas representam os próprios Anjos que nos trazem sua luz, sua graça, sua ajuda, sua instrução e seu guia.

Este jogo pode ser utilizado de múltiplas formas. Semelhante a tudo referente aos Anjos, não há normas rígidas.

O ideal é encontrar um lugar sossegado, aonde ninguém nos venha interromper ou incomodar. Após nos tranquilizar mental e espiritualmente, poderemos efetuar a consulta.

Primeiramente, costumo embaralhar as cartas e estendê-las diante de mim em forma de semicírculos voltados para baixo. A seguir, fico um momento sem pensar em nada, tão somente consciente da minha respiração e logo inspiro profundamente por três vezes. Se tiver uma pergunta concreta, concentro-me nela; senão, convido simplesmente os Anjos para que venham à minha vida pedindo-lhes que me tragam o que creio mais conveniente para mim nesse momento. A seguir, fecho os olhos e deixo que meu subconsciente guie minha mão para pegar uma carta de cada tipo. A exatidão da resposta costuma ser surpreendente e sempre traz o inequívoco selo angelical.

Daqueles que tenham jogado com essas cartas, nenhum poderá duvidar que os Anjos intervieram em sua trama e de que realmente participam de cada jogada e de cada consulta que lhes é dirigida através deste maravilhoso sistema que, precisamente, assim se chama: *Brincando com os Anjos.*

Os Anjos e a sorte

Ainda que, à primeira vista, essa relação entre a sorte, os seres angelicais e seus jogos possa parecer absurda, na realidade é algo muito lógico.

O que é a sorte?

Desde nosso ponto de vista tridimensional, poderíamos defini-la tal qual uma série de coincidências e causalidades favoráveis, ou talvez uma abundância anormal de tais "casualidades benéficas".

Na realidade, não é mais do que um efeito, um reflexo em nosso mundo de três dimensões de uma energia rica e poderosa, procedente de uma dimensão superior.

Não esqueçamos que também nós, os seres humanos, temos nosso ser nessa dimensão mais elevada, ainda que lamentavelmente em nosso estado de evolução não sejamos conscientes disso.

O resultado é que a presença e a proximidade dos Anjos carregam nossos corpos sutis com essa preciosa energia, até fazê-la transbordar para essa dimensão inferior: o mundo físico em que temos nossa existência cotidiana. Deste modo, a sorte é uma consequência da nossa energia e a pouca sorte ou má sorte significa carência ou baixo nível de energia.

Que ocorre nas sessões de **ouija**?

Geralmente, os participantes costumam ser enganados e trancados por seres do baixo astral que levam toda sua energia sutil, deixando-os quase vazios. Quem quer que tenha se entregado em alguma ocasião a tais passatempos, recordará o esgotamento que sentia ao terminar e também como os acontecimentos aziagos multiplicaram-se naqueles dias: perda de chaves, dinheiro extraviado ou roubado, problemas na escola ou no trabalho, indisposições físicas, dores de cabeça etc.

Pense em alguém a quem considere possuidor de muita sorte, sem dúvida será uma pessoa possuidora de muita energia, talvez, inclusive radiante. Pelo contrário, aqueles aos quais tudo lhes sai mal, costumam ser débeis, preocupados e decaídos, sem a menor energia.

Por um lado, a energia dos Anjos costuma manifestar-se de modo natural no nosso mundo pessoal, como sorte e, por outro lado, a eles lhes encanta o jogo e a diversão, além de que sua forma preferida de brincar com os humanos é criando coincidências e "casualidades".

Que é para nós a sorte, senão coincidências e casualidades agradáveis e benéficas? Assim, todo contato, todo pensamento, toda visualização em que eles ocupam algum lugar carregará nossas pilhas, gerando-nos boa sorte e se tentamos, de algum modo, participar alegremente dos seus jogos, essa boa sorte se tornará tão evidente em nossas vidas que nunca nos assaltará a mais ligeira dúvida sobre nossos irmãos maiores, ainda que os sentidos físicos sejam incapazes de percebê-los.

Resumindo, os Anjos atraem a sorte, dão sorte, são a sorte.

Ninguém, que esteja rodeado de Anjos, poderá ter má fortuna, pois sua energia e seu jogo são a nossa sorte e eles, afortunadamente, desfrutam brincando e ajudando-nos.

Um mundo multidimensional

Vivemos em um mundo multidimensional, embora nossos sentidos nos mantenham encaixotados em três dimensões, pois são as únicas que conseguimos perceber. A existência de muitos animais inferiores transcorre em duas dimensões, e existem seres diminutos que unicamente captam uma. O que para um ser que vive em duas dimensões está separado e carece de explicação, em três dimensões está unido e é totalmente compreensível.

O que em três dimensões parece separado, em quatro dimensões está unido, formando um só corpo e um só ser. Isto, ainda que com diferentes palavras, repetiram-nos até a saciedade todos os seres iluminados ou "despertos" que passaram por este planeta. E talvez, esta iluminação ou esse despertar não seja mais do que a repentina captação de uma dimensão nova, que se soma a essas três e que confere ao afortunado que a alcança uma visão da realidade totalmente coerente, em que todos os absurdos e todas as injustiças deste mundo tridimensional desaparecem automaticamente e onde todos, a Humanidade inteira, somos **Uno**, formamos um só corpo e um só ser.

Quem consegue alcançar essa experiência nunca mais a poderá esquecer. Sua vida muda para sempre e desde, então, é consciente de que este mundo nosso, tridimensional, não é mais do que o reflexo, a sombra em três dimensões de outro muito mais rico, complexo e coerente, e que tem sua existência em uma curta dimensão, do mesmo modo que as sombras que conhecemos não são senão o reflexo em duas dimensões dos corpos tridimensionais das árvores, das pessoas, ou dos objetos.

Existem muitas dimensões e um dos traços característicos desta gradação dimensional é a consciência de unidade. Quanto mais baixo é o nível, mais separados parecem estar os seres e os objetos que o compõem, ao contrário, quanto mais ascendemos nesta escala dimensional, mais aparente se faz a indissolúvel unidade de tudo quanto existe.

Em uma dimensão, os traços verticais de "Um" estão separados em duas dimensões, vemos que se encontram unidos.

Em duas dimensões, as folhas de uma árvore estão separadas; em três dimensões descobrimos que se encontram unidas através dos ramos e do tronco. Em três dimensões, nós, seres humanos, parecemos estar separados; em quatro dimensões estamos unidos formando um só ser.

Não sei em que dimensão estão os Anjos. Talvez na quarta, na quinta? Mas sei, com absoluta certeza, que em uma dimensão superior nós e eles estamos unidos. Também somos **Uno,** do mesmo modo que noutro plano mais elevado somos igualmente **Uno** com a divindade, com esse Ser que transcende qualquer ideia que nos tenham inculcado ou que possamos ter acerca de Deus. Deste modo, os Anjos que têm sua existência em uma dimensão superior a esta estão a todo momento aqui, sempre conosco. Nossos sentidos não podem captá-los, não podem penetrar em sua dimensão, mas temos outros instrumentos que ainda que, de um modo tímido e incerto, nos permitem fazê-lo: a mente, a imaginação, a intuição.

Os Anjos e as preocupações

Se nos preocupamos continuamente, significa que estamos levando a vida de um modo equivocado. Quantas pessoas passam as noites velando, preocupadas com algum problema cuja solução só lhe poderia chegar durante o sono?

Quando a preocupação sombreie nossas vidas, lembremo-nos dos Anjos. Qualquer que seja a causa da dita preocupação, devemos estar totalmente seguros de que eles poderão tratar o assunto muito melhor e de modo muito mais efetivo do que nós com nossa inquietude.

Mandemos aos Anjos o coração do problema e peçamos que levem nossas preocupações com eles. Assim, com as mãos e a mente já livres, e com a ajuda incondicional deles, poderemos, finalmente, atuar com efetividade.

Se estivermos preocupados com um problema de saúde, peçamos, em primeiro lugar, a ajuda do Arcanjo Rafael e ele porá à nossa disposição legiões de Anjos da cura, Anjos saneadores do corpo que imediatamente começarão a trabalhar conforme nossas indicações mentais.

Se nos preocupa uma situação que vamos ter de enfrentar e que se apresenta difícil, mandemos antes aos Anjos para que suavizem ou, inclusive, eliminem as dificuldades, sempre que isso seja possível. Podemos também pedir ao nosso Anjo da Guarda que se entreviste com os correspondentes das outras pessoas implicadas, a fim de dispô-las favoravelmente.

Se nos inquietam assuntos de dinheiro, podemos recorrer aos Anjos especialistas em assuntos financeiros, aos criadores de oportunidades e aos que dissipam as dificuldades, estando muito atentos aos sinais que eles nos enviem para corrigir o rumo das nossas finanças ou o funcionamento do nosso trabalho.

Ninguém é demasiado jovem ou demasiado velho para estabelecer uma comunicação com os Anjos, mas sim, talvez, demasiado sério. Eliminemos das nossas vidas toda seriedade e toda preocupação desnecessárias. E os Anjos podem ajudar-nos a fazê-lo.

Devemos recordar que qualquer problema deverá ser resolvido para o bem maior de todos os implicados, e que é necessário sempre incluir de forma expressa esta frase em nossa petição.

Lembremos também, finalmente, de dar graças por sua ajuda a nossos irmãos espirituais maiores.

Os Anjos e o crescimento espiritual

Levando-se em conta que você está lendo este livro de livre iniciativa, de alguma forma tem interesse em aperfeiçoar-se espiritualmente. Neste campo, a ajuda que os Anjos podem dar a você é singelamente inimaginável. A iluminação, a união com Deus, o despertar, a consciência da Realidade.

O transcender ao mundo físico, o nirvana, a pedra filosofal, ou o satori são apenas diferentes palavras para expressar isso que na essência é indefinível e que constitui a ansiada meta de todos os verdadeiros pesquisadores espirituais.

Os ensinamentos dos Anjos a esse respeito não podem ser mais refrescantes e alentadores:

> *Desfrutem, é necessário adotar um ponto de vista alegre, divertido; assim gerarão boa sorte, e tanto a verdadeira felicidade como a elevação espiritual estarão logo batendo à sua porta.*

O sofrimento pode, certamente, ensinar-nos lições muito valiosas, mas só se identificarmos suas causas; pelo contrário, será um sofrimento inútil e fará com que nossas vidas sejam desperdiçadas.

Esta integração do sentido do humor na busca espiritual é um dos traços mais característicos do ensinamento dos Anjos.

As antigas religiões da Índia coincidem totalmente com esta visão: a imagem mais usual do deus Shiva é a do *Dançarino Supremo*, que com sua alegre dança cria os mundos e as galáxias.

A palavra sânscrita Lila significa *O divino jogo da Criação*, ou *O jogo divino do Universo*, quer dizer, para os hindus, o motivo pelo qual Deus criou o Universo é pelo simples jogo, por pura diversão.

Os Anjos querem ensinar-nos a jogar e divertir-nos, dois campos em que são expertos.

A busca pela iluminação é muito mais fácil quando mantemos uma atitude aberta e positiva, se sempre esperamos que ocorra o melhor e quando constantemente olhamos para o lado luminoso das coisas. Esse lado luminoso é onde se encontram os Anjos e eles sempre estarão dispostos a ajudar-nos a converter-nos no que em realidade já somos.

Na hora de pedirmos ajuda, não tenhamos receio de expor-lhes nossas mais elevadas aspirações. Nisso, mais do que em qualquer outra coisa, os Anjos podem nos ajudar e estão desejando fazê-lo.

Nossa elevação é sua felicidade.

Cada passo que damos nessa direção gera uma grande festa no céu.

Os Anjos e a oração

Em numerosas passagens bíblicas está claramente estabelecido que uma das tarefas que realizam os Anjos é exatamente apresentar ante Deus nossas orações e súplicas. No entanto, a autêntica oração é algo muito distinto ao que nos ensinaram e do que quase todos têm como tal.

A verdadeira oração é uma união com a divindade.

É ser uno com Deus, é sentir a Unidade que tudo interpenetra e que tudo abrange.

É abandonar toda sensação e todo sentimento de separação, ou pelo menos tentá-lo ir nessa direção, naturalmente, sem esforço.

É evidente que esta oração não poderá ter palavras, nem sequer mentais e se as tiver, deverá de ser um canto. Os Anjos amam as canções, a música e o canto. Eileen Elias Freeman relata em seu livro *Angelic Healing* como cantou com Rafael e como sentiu que aquele canto era a mais elevada e pura forma de oração que jamais tivera imaginado.

Eu mesmo experimentei, em várias ocasiões, a inequívoca sensação da presença angelical, enquanto escutava embevecido um canto inesquecível, momentos antes de repartir os sagrados alimentos.

Aqueles que gostam de cantar poderão aproximar-se dos Anjos através do seu canto, e com seu canto e a ajuda dos Anjos poderão aproximar-se de Deus.

Peçamos aos Anjos que nos ajudem a nos aproximar da Divindade, pois esta é uma das suas funções, a mais importante de todas.

Meditação Angélica

A prática da meditação é de um valor incalculável para quantos desejem avançar pelo caminho espiritual, pois ao aquietar nossa natureza inferior permite que se manifestem os níveis superiores do nosso ser, os mesmos que nos comunicam e nos unificam com os planos mais elevados da existência, com os Anjos e com Deus.

O melhor é dispor de um lugar onde ninguém nem nada, o telefone, por exemplo, possa molestar-nos, um rincão sagrado onde nosso espírito possa recolher-se em paz, o mais isolado possível do mundo exterior.

Na verdadeira meditação, a atividade mental reduz-se a níveis mínimos. Trata-se simplesmente de sentar-se sem fazer nada, como dizem os praticantes do zen. É deixar a mente em branco, observando calmamente seus movimentos, com plena atenção, mas sem intervir neles. Ideias e imagens virão à nossa mente e do mesmo modo se irão para deixar espaço para outras. Não devemos nos preocupar por elas; a mente é como um espelho. Seu trabalho é refletir imagens, mas nós não somos essas imagens. Tampouco somos a mente. Ela é tão só um instrumento do qual devemos servir-nos. A meditação limpa esse espelho e afina esse instrumento, para que através dele possamos alcançar o mais elevado, chegar a ser conscientes do nosso Ser real, da unidade de todas as coisas, de Deus.

Meditar não é pensar, não é imaginar e não é visualizar. Todas estas atividades são úteis e cumprem uma função insubstituível no caminho espiritual, mas não é meditar.

Os Anjos conhecem a importância da meditação e por isso estão sempre dispostos a nos ajudar. Estes sete passos podem ser utilizados à maneira de simples guia:

1. Acondicionar o ambiente. Reduzir a luz, talvez acender uma vela ou talvez um incenso, se sentir que pode ajudar.
2. Sentar-nos em uma postura cômoda. Com as costas eretas, os pés descansando no chão e as mãos pousadas sobre as coxas.
3. Fechar os olhos e estar consciente da nossa respiração por alguns instantes.
4. Fazer uma petição mental a nossos irmãos maiores, os Anjos, para que nos protejam e nos ajudem na meditação que vamos iniciar.

Esta petição não tem por que ser verbalizada, nem sequer mentalmente. Um rápido pensamento será suficiente.

A seguir, já podemos visualizar formando com suas alas um arco sobre nossa cabeça, envolvendo-nos totalmente a certa distância e formando uma verdadeira corrente protetora sobre nós, para a frente, para trás, de ambos os lados e por baixo. Ao mesmo tempo, os visualizamos invocando a Luz para que desde o alto desça até nós.

5. Uma vez estabelecida esta ajuda e proteção angélica, nos esquecemos dela e nos centramos outra vez em nossa respiração. Podemos contar sete ou nove ciclos

respiratórios completos. Não há que tentar respirar de nenhum modo especial, não há que fazer nada, só deixar que a respiração flua de modo natural.

6. Esse não fazer nada é já em si mesmo a meditação. Para algumas pessoas dá bom resultado fixar-se mentalmente em um ponto situado sobre o nariz, entre os olhos, o chamado terceiro olho ou chakra frontal. Outros preferem fazê-lo no ponto mais alto sobre a cabeça, o chakra coronário ou loto das mil pétalas. Realmente, é indiferente e podemos fazê-lo como nos agrade; também podemos não nos fixar absolutamente em nada.

Quando sentirmos que o tempo se cumpriu, voltaremos a ser conscientes do processo respiratório durante alguns ciclos.

A seguir, daremos mentalmente graças aos Anjos por sua ajuda e proteção, assegurando-lhes que pode, em troca, contar conosco para o que desejem.

Continuando, moveremos ligeiramente os dedos dos pés, depois as mãos e por último, poderemos já abrir os olhos, dando por terminada a sessão.

Durante a meditação podem, ocasionalmente, produzirem-se fenômenos, podemos ter visões ou é possível que ocorram acontecimentos inexplicáveis. Devemos considerá-los apenas como postes no caminho, como sinais que nos animam a prosseguir, sem conferir-lhes uma importância que realmente não tem. Por mais extraordinários que tais fenômenos possam parecer, devemos seguir adiante. Nossa meta é a Realidade, não seus reflexos, por mais brilhantes que sejam.

Peçamos aos Anjos para que nos ajudem a não nos desviar do caminho.

Os Anjos conhecem a importância da meditação e estarão sempre prontos a ajudar nela. E mais, aqueles que nos ajudaram e protegeram a primeira vez, desejarão ansiosos fazê-lo de novo, de modo que entre nós e eles se estabelecerá uma relação muito forte, formaremos uma espécie de sociedade, de equipe. É a *Fraternidade dos Anjos e dos Homens.*

A importância de manter um Diário

As formas como os Anjos nos fazem saber que estão no trabalho que lhes encomendamos (ainda que na realidade estejam brincando) acontecem muitas vezes do modo mais estranho e imaginativo. Assim, é sumamente importante permanecermos atentos para que seus sinais não se nos escapem.

Além da sensação de paz e tranquilidade, da finíssima emoção e da grande esperança que nos embargam quando os Anjos estão próximos, devemos ficar especialmente atentos às casualidades e coincidências, mas, sobretudo, e muito especialmente, aos sonhos. Por isso que é tão importante ter, em nossa cabeceira e estar sempre que possível disponível durante o dia, um caderno ou diário onde possamos registrar as impressões e as intuições que nos chegam e, sobretudo, os sonhos.

No momento de despertar, sempre costumamos relembrar o sonhado; não obstante, essas recordações se desvaneçam rapidamente, à medida que adentramos as atividades do dia. Por isso, é muito importante fazer as anotações no mesmo momento em que despertamos. Se não dispomos de tempo, algumas palavras serão o suficiente para ancorá-los neste lado da realidade, o que nos permitirá depois lembrá-los, talvez anotá-los já com todo detalhe.

Neste diário, podemos também relatar todas as nossas impressões e tudo aquilo que possa ser um sinal procedente do outro lado: pensamentos, ideias e qualquer coisa alegre, vivificante, que chegue até nós durante o dia. Do mesmo modo, nele podemos escrever nossas mensagens, comunicados e petições para os Anjos.

O diário nos dará confiança e segurança, nos mostrará de modo inegável os progressos que estamos fazendo e se converterá em um instrumento-chave em nossa comunicação angelical.

Não obstante, os principais benefícios que o diário nos proporcionará não podem ser apreciados neste mundo tridimensional, pois dele se escapam, invadem uma dimensão superior e talvez seja aquela em que os Anjos vivem e brincam. E quem sabe, se os Anjos não utilizarão também desse mesmo diário para nos transmitir suas indicações, seu amor e sua ajuda?

Anjos na forma humana

O famoso pintor e escultor renascentista, Benvenuto Cellini, conta, na sua autobiografia, como um Anjo salvou-lhe a vida em uma das suas permanências no cárcere.

O problemático e briguento Cellini já havia sido encarcerado em várias ocasiões; em uma delas, condenado à morte por assassinato, livrou-se da sentença graças à intervenção direta do Papa Paulo III. Cellini, também joalheiro, foi em outra ocasião encarcerado sob acusação de ter roubado certas joias pertencentes ao Papa Clemente. Tentou escapar de sua cela, no castelo de Santo Ângelo, mas foi capturado em fuga e confinado a uma das piores masmorras dos sótãos do castelo. Desesperado, decidiu pôr fim à sua vida, através do enforcamento. Quando já estava a ponto de cumprir sua decisão, uma tremenda e invisível força derrubou-o ao solo. Em seguida, teve a visão de uma jovem angelical que o recriminou pelo comportamento, sobressaindo-lhe a beleza da vida e da sua preservação. Pouco depois, foi libertado pela intercessão de um cardeal e chegou a transformar-se em um dos mais destacados artistas do Renascimento. Esta enorme força física desenvolvida pelo Anjo que salvou Cellini nos lembra o caso de Jovita

Zapien, em que algumas meninas foram capazes de erguer uma máquina que pesava várias toneladas.

Em seu livro, *Where Angels Walk*, Joan Wester Anderson conta o caso de uma jovem mãe cuja caminhoneta onde viajava com seus filhos ficou sem gasolina e parou justamente sobre uma ferrovia. No momento, um jovem abriu a janela do veículo, advertindo-a de que o trem chegaria em meio minuto e que por isso ia mover um pouco o seu carro para tirá-la do perigo. Depois, o empurrou com uma só mão e muito tranquilamente, e o pesado veículo deslizou alguns metros e parou de novo. Naquele preciso instante, o trem chegou com seu estrondo habitual. A seguir, a jovem olhou por todos os lados e não achou seu benfeitor. Por sorte, o posto de gasolina estava apenas a poucos passos, e rapidamente chegaram alguns empregados e voluntários, porém foram necessárias oito pessoas para empurrar o carro até o ponto de abastecimento.

Quem foi a oportuna jovem que os salvou de serem atropelados pelo trem, movendo com uma só mão o pesado carro que, em seguida, precisou de oito pessoas para deslocá-lo com dificuldade?

Tanto o caso de Cellini quanto o dessa caminhonete demonstram, de modo inequívoco, que as aparições físicas dos seres angelicais não são apenas visões ou manifestações etéreas, senão que são capazes de atuar sobre o entorno físico, desenvolvendo, quando necessário, uma força imponente e incompreensível.

Estes seres misteriosos podem ser homens ou mulheres, muito jovens, de meia-idade ou anciãos. Costumam ser pouco falantes e limitam-se a agir com a máxima eficiência.

Geralmente, dão a impressão de não dispor de muito tempo; o esforço que devem fazer ou a energia que têm de reunir para se manifestarem em nosso plano é enorme para no fim, desaparecerem.

Não obstante, nem todas as aparições angelicais, sob forma humana, costumam ter lugar em um momento de grande perigo ou em circunstâncias extremamente dramáticas. Há exceções, algumas vezes sua aparição ocorre em momentos de grande exaltação emotiva ou espiritual e em algumas ocasiões, inclusive, falam extensamente.

Transcrevo a seguir o relato de Nigbe Quetzali, Miami/Flórida:

> *Desde que me lembre fui uma enamorada do Sol, o que sempre atribuí ao fato de pertencer ao signo zodiacal de Leão, cujo regente é o astro rei. Um dia, porém, falando com um amigo, surpreendeu-me descobrir que para ele o sol era um ser vivo, inteligente, com consciência e emoções; assegurou-me inclusive que ele era o meu guia espiritual. Ainda que isso me enchesse de assombro, não pus em dúvida, pois algo dentro de mim me dizia que estava certo. Assim, minha atitude foi de gozo, como quem descobre algo que já desde antes pressentia.*
>
> *Tudo isto ocorreu à noite, pelo que não me foi possível correr para o encontro com a estrela solar. De modo que, depois de uma longa conversa, fui dormir por certo, bastante tarde.*
>
> *Despertei já bem avançada a manhã, talvez fossem onze e meia, ainda que não saiba com segurança. Preparei-me rapidamente para sair.*
>
> *Meu desejo ou minha necessidade era ir a um parque próximo, sentar-me num banco e falar ao Sol. Sim, lembro-me de que cheguei ao meu banco às doze em ponto, exatamente ao meio dia. Estava desocupada, assim que me sentei. Levantei*

os olhos para o céu, meu olhar encontrou-se com o sol (devo esclarecer aqui que desde criança pude olhá-lo diretamente, sem que me lastime o resplendor, que aconselho que não o faça ninguém, pois pode resultar muito prejudicial). Ao vê-lo fiquei extasiada. Falava mentalmente com ele. Não recebia resposta, mas eu encontrava extasiada, recordando minha conversa da noite anterior e cheia de gozo porque pela primeira vez via o sol como um ser inteligente e com consciência.

Encontrava-me tão absorta que não senti chegar – nem sentar-se ao meu lado – um homem que me tirou das minhas cavilações ao dizer-me: 'Ele a escuta'.

Surpreendida baixei o olhar para encontrar-me com uma fisionomia agradável e harmoniosa, mas nada extraordinário, ainda que desde o princípio houve uma estranha comunicação entre nós; olhou-me nos olhos e senti que via dentro de mim, que entre aquele desconhecido e eu havia um laço muito estreito.

Com esse mesmo rosto estranhamente sereno, dirigiu seu olhar ao Sol. Não houve sorrisos nem assomo de brincadeira. Havia em tudo aquilo um ar de cerimônia que me inspirava um profundo respeito. Por minha vez, alcei o rosto para o sol, respondendo-lhe depois com uma voz que não parecia a minha, pois soou muito mais profunda e segura: 'Eu sei'.

Depois daquele mágico momento senti uma espécie de 'regresso à normalidade', desvaneceu-se o ambiente especial e pude observar então o estranho. Era um homem de uns quarenta anos, sem nada de peculiar e de aspecto bem mais comum. Sua tez morena clara trazia a barba curta e negra com alguns cabelos brancos. Vestia uma calça de cor bege que se via já usada, uma camisa branca e uma jaqueta de cor café.

Que me recorde, não havia nele nada que sobressaísse. Era como qualquer pessoa de classe média baixa. Conversamos.

Perguntou-me coisas sobre mim, como o faria qualquer pessoa que acaba de conhecer outra. Também me falou dele. Disse-me que trabalhava numa empresa muito próxima dali, que era vendedor.

Pareceu-me um homem muito simpático e agora sim, sorria. Tirou do bolso uma carteira negra e dela um cartão com seus dados. Estendeu para mim, dizendo que o chamasse quando eu quisesse que seria muito agradável ver-me outra vez, pois lhe dera uma boa impressão. Respondi que a mim também e quando pudesse o chamaria. Despedimo-nos. Vi dar a volta e caminhar pela vereda em direção da rua. Baixei os olhos para ver seu nome, que – impresso em letras negras – figurava no cartão. Levantei os olhos para vê-lo ir-se e já não estava! Era impossível! Não havia passado nem três segundos.

Analisei as possibilidades. Achava-me no início da rua. O lugar mais próximo onde alguém pudesse ocultar-se, estava a quinze metros de distância e não havia arbustos altos nem árvores próximas. Tudo estava ao alcance da minha vista, menos ele.

Fiquei ali, no meio de tudo. Não havia gente ao meu redor, só um silêncio que cada vez me inquietava mais. Estava desconcertada e pensei que tudo havia sido um sonho.

De repente, senti o cartão na minha mão. Era verdade! Ele havia estado ali! Corri para o telefone. Com emoção, digitei seu número. Que tonta sou! Me dizia: – o que direi? Nisso ouvi uma voz do outro lado; era uma voz de mulher. Perguntei por ele. A senhora me disse que tal pessoa não morava lá. Comprovei o número e estava correto. Explique à senhora que me haviam dado seu telefone como pertencente a uma companhia, dei-lhe a suposta direção e não coincidia. Disse-me que era uma residência particular e que não podia ser um erro, pois estava há muitos anos com esse número telefônico. Agradeci-lhe a atenção e deixei o telefone, cada vez mais desconcertada.

Tomei a direção indicada no cartão e ao chegar, encontrei-me com um pequeno comércio. Não havia tal companhia. Fiquei longo tempo olhando aquele cartão, sem encontrar explicação ao que acontecera. De repente lembrei-me de sua primeira frase: 'Ele a ouve'. Senti um estremecimento que me percorreu dos pés à cabeça e em seguida algo me fez compreender que era inútil continuar procurando. Pelo menos aqui, neste mundo.

Aparições etéreas de Anjos

São os mais abundantes e ainda que geralmente costumam ocorrer em momentos de grande emergência, quer física, quer anímica, nem sempre é assim, pois, às vezes, surgem de maneira totalmente espontânea, como aconteceu no caso seguinte, que nos foi relatado pela senhora Patricia de La Vega, de Mazatlan, México:

Eram quase as duas da madrugada.

No quarto estávamos minha irmã e eu. Ficamos conversando até tarde, quando resolvemos ir dormir.

Apagamos a luz e então o vi, aos pés da cama. Estava parado, com as mãos unidas diante do peito e os olhos fechados, em atitude concentrada, como rezando.

Vestia uma túnica de cor branca que deixava ver outra peça interior de cor vermelha ou rosada, semelhante a que usam os coroinhas.

Sua aparência era a de uma criança de uns doze anos, com o cabelo dourado e ligeiramente ondulado.

Seu corpo parecia desprender uma suave luz, que iluminava o aposento e permitia vê-lo no escuro. Tentei chamar minha irmã, mas foi impossível, pois perdi totalmente a fala.

Não obstante, algo no seu interior pareceu avisá-la, pois cobriu a cabeça totalmente com os lençóis, presa de pânico.

Todavia, eu, em momento algum senti o mais ligeiro temor, nem medo, nem sensação alguma desagradável. Inclinei-me para diante para vê-lo melhor e depois de um instante – não posso precisar o tempo, mas consegui fixar perfeitamente meus olhos e minha atenção nele – desapareceu. Depois de acostumar-me senti uma poderosa energia que penetrava meu corpo através das plantas dos pés e me inundava totalmente até as pontas dos dedos. Uma inexplicável sensação de bem-estar e felicidade – como nunca experimentei – embargou-me em seguida e depois dormi. Devo esclarecer que nem antes da aparição, nem tampouco durante o dia, havia falado ou lido sobre temas esotéricos nem espirituais, o que descarta a hipótese da sugestão, como também o faz o fato de haver estado presente outra pessoa, que ainda que não visse nada – por impedir-lhe o medo – seu corpo sentiu de maneira muito dramática e clara a presença daquele poderoso ser.

O relato seguinte da senhora Marina Sol, de Tampa, Flórida, é semelhante ao anterior, ainda que o ser angelical que a visitou não possa ser classificado de etéreo, pois lhe deu a mão:

Ainda que nunca lhe visse o rosto, estou totalmente segura de que foi um Anjo.

Morava eu então, na casa da minha mãe.

A porta da residência dava diretamente ao jardim e era toda de cristal translúcido, apenas com o batente de madeira. De repente, uma noite – sem sentir o mínimo indício de medo – vi como uma figura humana que penetrava no meu quarto, passando através da porta; em seguida, sentou-se na minha cama e estendeu-me a mão. Dei-lhe a minha e senti a pressão dos seus dedos. Também apertei.

Estive todo o tempo quase de costas, pelo que não pude ver-lhe o rosto, mas a sua era uma mão masculina, forte e segura.

De repente, toda a angústia que me agitava se esfumou e soube que nada podia acontecer.

Trajava uma espécie de túnica de cor escura e depois de um momento se foi deixando-me envolvida de paz e de uma felicidade que não posso descrever.

Sua vista se repetiu em várias ocasiões durante alguns dias e sempre ocorreu de modo parecido semelhante ao primeiro.

Nunca lhe vi o rosto e nunca trocamos palavra alguma.

Jamais experimentei medo e em cada ocasião, senti uma paz e um bem-estar que jamais esquecerei.

Devo dizer que naqueles dias estava atravessando por um dos momentos mais dolorosos e difíceis da minha vida e que o estímulo que recebi daquele maravilhoso ser ajudou-me enormemente a seguir adiante.

Muitas vezes me lembro dele e me agradaria voltar a vê-lo e sentir a tranquilidade que dele emanava.

Olga May, de Houston, Texas, costuma ver Anjos com certa frequência, ainda que sua visão, em regra geral, dure apenas breves minutos, talvez menos de um segundo. Normalmente, vêm avisá-la de algo ou confortá-la em momentos de grande tensão. Contava-me que a última vez que lhe ocorreu, havia ido ver uma amiga no trabalho – é engenheira civil e estava trabalhando na construção de uma área industrial. Falavam tranquilamente, quando de repente requereram a presença da sua amiga em outro lugar da obra. Disse à Olga que a aguardasse um momento e se dispôs a sair do escritório em que se encontravam.

Naquele preciso momento, Olga viu uma criança de aproximadamente doze anos que trazia um capacete na mão. Chamou rapidamente sua amiga e rogou-lhe que usasse o capacete. Afortunadamente, deu-lhe atenção, pois alguns instantes depois uma enorme viga caía sobre seu veículo e possivelmente lhe teria causado a morte se não tivesse usado o capacete.

O seguinte relato de Ralph Harlow é já um clássico na angiologia. Foi publicado no *Guidepost Magazine* e tem sido reproduzido em numerosos livros e publicações:

Não estávamos no natal, nem sequer era inverno.

Ocorreu durante uma esplêndida manhã de primavera.

Minha esposa e eu caminhávamos por entre os álamos e as bordas que começavam a brotar, próximo de Ballardvale, Massachusetts.

Dei-me conta de que a validade deste relato, como a de qualquer outro que reflete uma experiência pessoal, depende do bom sentido e da honestidade da pessoa que o narra.

Que posso dizer-lhes de mim?

Que sou um acadêmico que não crê na adivinhação e sim, na investigação científica?

Que sou titulado por Harvard?

Que nunca tive alucinações?

Que mais de uma vez meu testemunho foi solicitado nos tribunais e que em tais ocasiões tanto o juiz como o jurado consideraram-me uma testemunha fidedigna?

Tudo isto é certo, mas duvido que estes fatos influenciem na aceitação ou não do meu relato.

Na realidade, cada um de nós deve passar toda informação que recebe dos demais pela peneira fina da sua própria experiência, da sua compreensão e da sua visão do mundo. Assim que me limitarei a relatar o ocorrido. Naquela manhã, Marion e eu passeávamos por um caminho de terra suave, de mãos dadas, ao lado de um formoso arroio. Era maio e uma vez que o colégio, onde eu era professor, estava preparando os exames, pudemos tirar alguns dias de férias para visitar os pais de Marion.

Costumávamos caminhar frequentemente pelos prados, desfrutando da primavera depois do frio inverno da Nova Inglaterra, pois, nessa época do ano, os bosques estão radiantes e tranquilos e ao mesmo tempo, ávida primaveril começa a brotar da terra.

Naquele dia nos sentíamos especialmente felizes e serenos, conversávamos tranquilamente, deixando longos silêncios entre uma frase e outra.

De repente, ouvimos um murmúrio de vozes às nossas costas. Disse à minha esposa: 'parece que há alguém mais no bosque esta manhã'.

Marion assentiu e ambos olhamos para trás, mas não vimos nada; não obstante, as vozes se acercavam cada vez mais rápido de onde estávamos. Pensamos que aquelas pessoas logo nos alcançariam. Então demo-nos conta de que o som não só provinha de trás, senão que ao mesmo tempo estava sobre nós e levantamos o olhar.

Como explicar o que senti?

Não é possível descrever a exaltação que se apoderou de nós.

Como detalhar esse fenômeno com objetividade e que ao mesmo tempo seja crível?

A uns três metros de altura sobre o solo, ligeiramente à nossa esquerda, havia um grupo de formosas criaturas que flutuavam, irradiando uma grande beleza espiritual.

Detivemo-nos e contemplamos como passavam sobre nós.

Eram seis formosas jovens, vestidas com túnicas brancas flutuantes, que conversavam animadamente entre elas. Não pareceram dar-se conta da nossa existência.

Vimos seus rostos com toda clareza; uma das mulheres, um pouco maior que as outras, era especialmente bela.

Seus cabelos escuros estavam apanhados para trás, presos à nuca. Falava com um espírito mais jovem que estava de costas para nós e que a olhava fixamente, com atenção.

Ainda que suas vozes se ouvissem com clareza, nem Marion, nem eu, pudemos compreender as palavras que pronunciavam. Era como ouvir a conversa de um grupo de pessoas na rua, de dentro de uma casa com a porta e as janelas fechadas. Flutuaram junto a nós.

Seus elegantes movimentos eram naturais, suaves e tranquilos.

Quando passaram, o som das suas vozes foi-se tornando cada vez mais tênue, até apagar-se por completo. Totalmente surpresos, ali permanecemos, de mãos dadas e olhando.

Estávamos mais do que maravilhados.

Olhávamos, querendo que o outro confirmasse se havia visto o mesmo.

Sentamo-nos sobre um tronco de árvore caído e perguntei à minha esposa: 'Marion, o que viu? Diga-me exatamente e também o que ouviu'. Ela se deu conta da minha intenção; queria saber se meus olhos e meus ouvidos tinham-me traído, se havia sido vítima da minha imaginação ou de uma alucinação.

Não obstante, sua resposta coincidiu exatamente com o que meus sentidos haviam captado.

Faço este relato com toda fidelidade e respeito pela verdade, porém, me parece incrível.

Talvez, deva terminar dizendo que esse acontecimento exerceu uma profunda influência em nossas vidas, pois, já tendo ocorrido há mais de trinta anos, fez com que nosso pensamento se modificasse enormemente.

O doutor Harlow e sua esposa não são os únicos que viram Anjos em plena natureza. A escritora Joan Wester Anderson cita o caso do reverendo John Weaber, que se achava caçando alces em Montana com alguns amigos. Enquanto subia uma montanha, viu de repente que uma pessoa saia dentre as árvores na ladeira da colina que tinha à sua frente.

Não estava vestido tal qual um caçador nem carregava rifles, aparentemente caminhava com normalidade, entretanto, cobriu a considerável distância que o separava dele em apenas alguns segundos. Além disso, não deixou nenhuma pegada na neve.

Ao chegar, o homem perguntou-lhe: *Sabe quem sou?* O pastor John Weaber reconheceu-o imediatamente: era o mesmo que há vinte anos o havia ajudado um dia em que seu carro se encontrava avariado.

A seguir, sobre uma rocha eles conversaram igual a dois amigos.

Em certo momento, o desconhecido despediu-se, abençoando-o em nome de Deus.

O alpinista F. S. Smith que escalou o Everest em 1933, narrou que durante sua ascensão foi acompanhado por uma *amigável presença*. Durante toda a expedição, sentiu-se estranhamente acompanhado, sem chegar nunca a se sentir só nem crer possível que algum mal pudesse ocorrer-lhe, pois percebia que a presença o ajudava e o protegia. A sensação de companhia era tão forte que Smith comentou em sua narração que mais de uma vez dividiu, em duas, sua bolacha, estendendo instintivamente a mão com a metade, para oferecê-la ao seu companheiro invisível.

Não é o único alpinista que relata fatos semelhantes. A experiência de Smith lembra-me do que ocorreu com Cecília K. Brownsville, Texas.

Ela tampouco percebeu qualquer figura humana ou angelical, mas sim sentiu sua presença de um modo inegável:

> *Normalmente costumo ler e meditar sempre na mesma casa, numa de cujos rincões tenho uma espécie de altar com algumas imagens, velas e também uma terrina tibetana.*
>
> *O outro dia estava, precisamente, lendo um livro sobre os Anjos, quando ouvi um zumbido.*
>
> *Pensei que viesse do aquário e saí para examiná-lo, mas tudo estava em ordem.*
>
> *Ao voltar para a leitura dei-me conta de que o zumbido continuava e ia aumentando.*
>
> *Então vi que procedia da terrina tibetana, que pôs a vibrar o chão da maneira mais estranha.*
>
> *Repentinamente e de uma maneira muito clara, senti que era um Anjo, que de algum modo, respondendo a um pedido meu, estava evidenciando-me sua presença.*

A imensa maioria das pessoas, que alguma vez leu a respeito dos Anjos, ou lhes dedicou algum pensamento, costuma ter experiências parecidas a do alpinista Smith ou a de Cecília K.

Conclusão

Todos, absolutamente todos, podemos nos comunicar com nosso Anjo da Guarda. Todos, de um modo ou de outro, somos dotados para isso. Alguns poderão vê-lo, outros ouvirão sua voz e outros o captarão mediante sua intuição. Inclusive, os menos intuitivos não poderão negar seus fatos contundentes.

Esses seres maravilhosos sempre estão dispostos e desejosos para nos ajudar, mas não podem fazê-lo se não os convidamos a isso. Temos de pedir-lhes expressamente. Mas cuidado, os Anjos não são nossos criados nem nossas mascotes nem tampouco bonecos para serem pomposos nas reuniões sociais. São seres extraordinários, muito superiores a nós em todos os sentidos e merecem um enorme respeito de nossa parte.

Tampouco devemos convertê-los em ídolos. São nossos irmãos maiores, cuja percepção supera nossas três dimensões e cuja consciência está muito mais desperta do que a nossa. Encontram-se muito mais próximos do que nós, de Deus, do seu Pai, que é também nosso. Peçamos a eles que nos aproximem de Deus, que nos ajudem a sermos conscientes Dele, e rapidamente veremos como o resultado da sua ajuda faz-se evidente em nossas vidas.

RENOVAGRAF
contato@renovagraf.com.br
Fone:(11) 2667-6086